Gusto Italia

Die Kunst der italienischen Küche

Antonio Mancini

INHALTSVERZEICHNIS

Spinat-Kartoffel-Gnocchi

Kartoffel-Spinat-Gnocchi

Ergibt 6 Portionen

Obwohl es in Italien nicht oft gemacht wird, serviere ich Gnocchi manchmal mit einem Schmortopf oder Schmorbraten. Sie nehmen die Soße wunderbar auf und sind eine schöne Abwechslung zu Kartoffelpüree oder Polenta. Probieren Sie diese Gnocchi (ohne Sauce und Käse) als Beilage<u>Ochsenschwanzeintopf nach römischer Art</u>oder<u>Kalbsragout nach friaulischer Art</u>.

1/2 Kilo Kartoffeln kochen

1 (10 Unzen) Beutel Spinat, gehackt

Salzig

2 Tassen Allzweckmehl, plus zum Formen der Gnocchi

1 großes Ei, geschlagen

^{1/2 Tasse}<u>Butter-Salbei-Sauce</u>

1 Tasse frisch geriebener Parmigiano-Reggiano

1.Legen Sie die Kartoffeln in einen großen Topf mit kaltem Wasser, sodass sie bedeckt sind. Die Pfanne abdecken und zum Kochen bringen. Backen Sie die Kartoffeln etwa 20 Minuten lang, bis sie weich sind, wenn Sie sie mit einem Messer einstechen.

2.Spinat mit 1/2 Tasse Wasser und Salz in einen großen Topf geben. Abdecken und ca. 2 bis 3 Minuten kochen, bis der Spinat weich ist. Den Spinat abtropfen lassen und abkühlen lassen. Legen Sie den Spinat auf ein Handtuch und drücken Sie die Feuchtigkeit heraus. Den Spinat sehr fein hacken.

3.Die noch warmen Kartoffeln schälen und in Würfel schneiden. Zerstampfen Sie die Kartoffeln mithilfe der kleinsten Löcher in einem Reiskocher oder einer Lebensmittelmühle oder von Hand mit einem Kartoffelstampfer. Spinat, Ei und 2 Esslöffel Salz hinzufügen. 1/2 Tasse Mehl einrühren, bis alles vermischt ist. Der Teig wird steif.

4.Reiben Sie die Kartoffeln auf einer bemehlten Fläche. Kurz durchkneten und so viel Mehl hinzufügen, dass ein weicher Teig entsteht, so viel, dass die Gnocchi beim Kochen ihre Form behalten, aber nicht so viel, dass sie schwer werden. Der Teig sollte leicht klebrig sein. Im Zweifelsfall einen kleinen Topf Wasser zum Kochen bringen und zur Probe ein Stück Teig hineingießen. Kochen, bis der Gnocco an der Oberfläche schwimmt. Wenn der Teig anfängt zu reißen, fügen Sie mehr Mehl hinzu. Ansonsten ist der Teig in Ordnung.

5. Den Teig vorerst beiseite stellen. Kratzen Sie das Brett ab, um eventuelle Teigreste zu entfernen. Waschen und trocknen Sie Ihre Hände und bestäuben Sie sie mit Mehl. Bereiten Sie ein oder zwei große Pfannen vor und bestäuben Sie sie mit Mehl.

6. Den Teig in 8 Stücke schneiden. Lassen Sie den Rest des Teigs bedeckt und rollen Sie ein Stück zu einem etwa 1,9 cm dicken langen Strang. Schneiden Sie die Schnur in 1/2-Zoll-Stücke.

7. Um den Teig zu formen, halten Sie eine Gabel mit den Fingern nach unten in einer Hand. Führen Sie mit dem Daumen der anderen Hand jedes Teigstück über die Rückseite der Zähne und drücken Sie dabei leicht darauf, um auf der einen Seite Rillen und auf der anderen eine Vertiefung zu erzeugen. Die Gnocchi in die vorbereiteten Pfannen geben. Die Teile dürfen sich nicht berühren. Mit dem restlichen Teig wiederholen.

8. Die Gnocchi bis zum Kochen kalt stellen. (Gnocchi können auch eingefroren werden. Legen Sie die Backbleche für eine Stunde oder bis sie fest sind in den Gefrierschrank. Legen Sie die Gnocchi in eine große Plastiktüte. Bis zu einem Monat einfrieren. Vor dem Kochen nicht auftauen.)

9.Bereiten Sie die Soße vor. Um die Gnocchi zuzubereiten, bringen Sie einen großen Topf Wasser zum Kochen. Nach Geschmack Salz hinzufügen. Reduzieren Sie die Hitze, um das Wasser leicht zum Kochen zu bringen. Die Hälfte der Gnocchi ins Wasser geben. Etwa 30 Sekunden kochen lassen, nachdem die Gnocchi an die Oberfläche steigen. Die Gnocchi mit einem Schaumlöffel aus der Pfanne nehmen und gut abtropfen lassen.

10. Halten Sie einen vorgewärmten Teller bereit. Gießen Sie eine dünne Schicht der scharfen Soße in die Schüssel. Die Gnocchi hinzufügen und vorsichtig umrühren. Den Rest der Gnocchi auf die gleiche Weise kochen. Noch mehr Soße aufgießen und mit Käse bestreuen. Heiß servieren.

Meeresfrüchte-Gnocchi mit Tomaten-Oliven-Sauce

Gnocchi di Pesce Salsa di Olive

Ergibt 6 Portionen

In Sizilien werden Kartoffelgnocchi manchmal mit Seezunge oder einem anderen delikaten Fisch gewürzt. Ich serviere sie mit einer würzigen Tomatensauce, aber auch eine Butter-Kräuter-Sauce wäre köstlich. Käse ist bei dieser Pasta nicht notwendig.

1 Kilo Ofenkartoffeln

1/4 Tasse Olivenöl

1 kleine Zwiebel, fein gehackt

1 Knoblauchzehe

12-Unzen-Filets von Seezunge oder anderem zarten Weißfisch, in 2-Zoll-Stücke geschnitten

1/2 Tasse trockener Weißwein

Salz und frisch gemahlener schwarzer Pfeffer

1 großes Ei, geschlagen

Etwa 2 Tassen Allzweckmehl

die Soße

¼ Tasse Olivenöl

1 Schalotte, gehackt

2 Sardellenscheiben

1 Esslöffel schwarze Olivenpaste

2 Tassen frische Tomaten, geschält, entkernt und gehackt oder importierte italienische Tomaten aus der Dose, abgetropft und gehackt

2 Esslöffel gehackte frische Petersilie

Salz und frisch gemahlener schwarzer Pfeffer

1. Legen Sie die Kartoffeln zum Abdecken in kaltes Wasser. Zum Kochen bringen und kochen, bis es beim Einstechen mit einem Messer sehr weich ist. Abgießen und abkühlen lassen.

2. In einer mittelgroßen Pfanne Zwiebeln und Knoblauch in Olivenöl bei mittlerer Hitze 5 Minuten anbraten, bis die Zwiebeln weich sind. Den Fisch hinzufügen und 1 Minute kochen lassen. Den Wein sowie Salz und Pfeffer nach Geschmack hinzufügen. Kochen Sie den Fisch etwa 5 Minuten lang, bis er

zart ist und der größte Teil der Flüssigkeit verdampft ist. Abkühlen lassen und den Inhalt der Pfanne in eine Küchenmaschine oder einen Mixer geben. Pürieren, bis eine glatte Masse entsteht.

3. Große Pfannen mit Folie oder Plastikfolie auslegen. Geben Sie die Kartoffeln durch einen Reiskocher oder eine Lebensmittelmühle in eine große Schüssel. Fischpüree und Ei hinzufügen. Nach und nach Mehl und eine Prise Salz zum klebrigen Teig hinzufügen. Kurz durchkneten, bis alles glatt und gut vermischt ist.

4. Den Teig in 6 Teile teilen. Lassen Sie den Rest des Teigs bedeckt und rollen Sie ein Stück zu einem etwa 1,9 cm dicken langen Strang. Schneiden Sie die Schnur in 1/2 Zoll lange Nuggets.

5. Um den Teig zu formen, halten Sie eine Gabel mit den Fingern nach unten in einer Hand. Führen Sie mit dem Daumen der anderen Hand jedes Teigstück über die Rückseite der Zähne und drücken Sie dabei leicht darauf, um auf der einen Seite Rillen und auf der anderen eine Vertiefung zu erzeugen. Die Gnocchi in die vorbereiteten Pfannen geben. Die Teile dürfen sich nicht berühren. Mit dem restlichen Teig wiederholen.

6.Die Gnocchi bis zum Kochen kalt stellen. (Gnocchi können auch eingefroren werden. Legen Sie die Backbleche für eine Stunde oder bis sie fest sind in den Gefrierschrank. Legen Sie die Gnocchi in eine große Plastiktüte. Bis zu einem Monat einfrieren. Vor dem Kochen nicht auftauen.)

7.Für die Soße Zwiebel und Öl in einer großen Pfanne vermischen. Die Sardellenscheiben hinzufügen und ca. 2 Minuten kochen, bis sich die Sardellen aufgelöst haben. Olivenpaste, Tomate und Petersilie vermischen. Salz und Pfeffer hinzufügen und 8 bis 10 Minuten kochen, bis der Tomatensaft leicht reduziert ist. Die Hälfte der Soße in eine große, warme Schüssel geben.

8.Gnocchi zubereiten: Einen großen Topf Wasser zum Kochen bringen. Nach Geschmack Salz hinzufügen. Reduzieren Sie die Hitze und bringen Sie das Wasser leicht zum Kochen. Die Hälfte der Gnocchi ins Wasser geben. Etwa 30 Sekunden kochen lassen, nachdem die Gnocchi an die Oberfläche steigen. Die Gnocchi mit einem Schaumlöffel aus der Pfanne nehmen und gut abtropfen lassen. Die Gnocchi in eine Servierschüssel geben. Den Rest der Gnocchi auf die gleiche Weise kochen. Den Rest der Soße dazugeben und vorsichtig umrühren. Sofort servieren.

Grüne Gnocchi in rosa Sauce

Gnocchi Verdi in Salsa Rossa

Ergibt 6 Portionen

Ich habe diese Knödel zum ersten Mal in Rom gegessen, obwohl sie eher typisch für die Emilia-Romagna und die Toskana sind. Sie sind leichter als Kartoffelgnocchi und das gehackte Grün verleiht ihnen eine Textur auf der Oberfläche, sodass die Knödel nicht mit einer Gabel geformt werden müssen. Versuchen Sie zur Abwechslung, sie zu bestreuen Butter-Salbei-Sauce.

3 Gläser Rosa Soße

1 Pfund Spinat, Stiele entfernt

Ein Kilo Mangold, Stiele entfernt

¼ Glas Wasser

Salzig

2 Esslöffel ungesalzene Butter

¼ Tasse fein gehackte Zwiebel

1 Kilo ganzer oder teilentrahmter Ricotta

2 große Eier

1/2 Tasse frisch geriebener Parmigiano-Reggiano

1/4 Teelöffel Muskatnuss

Frisch gemahlener schwarzer Pfeffer

1/2 Tasse Allzweckmehl

1. Bereiten Sie die Soße vor. Dann in einem großen Topf die beiden Gemüsesorten, Wasser und Salz nach Geschmack vermengen. 5 Minuten kochen lassen oder bis es zusammengefallen und zart ist. Abgießen und abkühlen lassen. Wickeln Sie das Gemüse in ein Handtuch und drücken Sie es aus, um die Flüssigkeit zu extrahieren. Fein hacken.

2. Die Butter in einer mittelgroßen Pfanne bei mittlerer Hitze schmelzen. Fügen Sie die Zwiebel hinzu und kochen Sie sie unter häufigem Rühren etwa 10 Minuten lang goldbraun.

3. In einer großen Schüssel Ricotta, Eier, 1 Tasse Parmigiano-Reggiano, Muskatnuss sowie Salz und Pfeffer nach Geschmack verquirlen. Zwiebeln und gehacktes Gemüse hinzufügen und gut vermischen. Das Mehl einrühren, bis alles gut vermischt ist. Der Teig wird weich.

4.Backbleche mit Pergament- oder Wachspapier auslegen. Befeuchten Sie Ihre Hände mit kaltem Wasser. Nehmen Sie einen Löffel Teig. Formen Sie leicht eine 3/4-Zoll-Kugel. Legen Sie die Kugel auf ein Backblech. Mit dem restlichen Teig wiederholen. Mit Plastikfolie abdecken und bis zum Kochen im Kühlschrank aufbewahren.

5.Bringen Sie mindestens 4 Liter Wasser zum Kochen. Nach Geschmack Salz hinzufügen. Reduzieren Sie die Hitze etwas. Geben Sie jeweils die Hälfte der Gnocchi hinzu. Wenn sie an die Oberfläche steigen, weitere 30 Sekunden garen.

6.Die Hälfte der scharfen Soße in eine warme Servierschüssel geben. Die Gnocchi mit einem Schaumlöffel herausnehmen und gut abtropfen lassen. In die Schüssel geben. Abdecken und warm halten, während Sie die restlichen Gnocchi auf die gleiche Weise zubereiten. Restliche Soße und Käse darübergießen. Heiß servieren.

Grieß-Gnocchi

Gnocchi Alla Romana

Ergibt 4 bis 6 Portionen

Stellen Sie sicher, dass der Grieß vollständig mit der Flüssigkeit verkocht ist. Wenn es zu wenig gegart ist, neigt es dazu, zu einer Masse zu schmelzen, anstatt seine Form im Ofen beizubehalten. Aber selbst wenn das passiert, wird es großartig schmecken.

2 Tassen Milch

2 Tassen Wasser

1 Tasse feiner Grieß

2 Teelöffel Salz

4 Esslöffel ungesalzene Butter

2/3 Tasse frisch geriebener Parmigiano-Reggiano

2 Eigelb

1. In einem mittelgroßen Topf Milch und 1 Tasse Wasser bei mittlerer Hitze erhitzen, bis es kocht. Die restliche 1 Tasse Wasser und den Grieß untermischen. In die flüssige Mischung

kratzen. Füge Salz hinzu. Unter ständigem Rühren kochen, bis die Mischung kocht. Reduzieren Sie die Hitze auf eine niedrige Stufe und köcheln Sie unter gutem Rühren 20 Minuten lang oder bis die Mischung sehr dick ist.

2. Nehmen Sie die Pfanne vom Herd. 2 Esslöffel Butter und die Hälfte des Käses verrühren. Das Eigelb mit einem Schneebesen zügig aufschlagen.

3. Ein Backblech leicht einfetten. Gießen Sie den Grieß auf das Blech und verteilen Sie ihn mit einem Metallspatel auf eine Dicke von 1/2 Zoll. Abkühlen lassen, abdecken und 1 Stunde oder bis zu 48 Stunden im Kühlschrank lagern.

4. Stellen Sie einen Rost in die Mitte des Ofens. Ofen auf 400 °F vorheizen. Eine 13×9×2 Zoll große Auflaufform mit Butter bestreichen.

5. Tauchen Sie einen 11/2-Zoll-Keks oder Keksausstecher in kaltes Wasser. Aus dem Grieß Kreise ausschneiden und diese leicht überlappend in die vorbereitete Auflaufform legen.

6. Die restlichen 2 Esslöffel Butter in einem kleinen Topf schmelzen und über die Gnocchi gießen. Mit dem restlichen Käse bestreuen. 20 bis 30 Minuten backen oder bis es goldbraun und sprudelnd ist. Vor dem Servieren 5 Minuten abkühlen lassen.

Semmelknödel aus den Abruzzen

Polpette von Pane al Sugo

Ergibt 6 bis 8 Portionen

Als ich das Weingut Orlandi Contucci Ponno in den Abruzzen besuchte, hatte ich das Vergnügen, ihre hervorragenden Weine zu probieren, darunter den weißen Trebbiano d'Abruzzo und die rote Sorte Montepulciano d'Abruzzo sowie mehrere Verschnitte. So gute Weine verdienen ein gutes Essen, und unser Essen hat uns nicht enttäuscht, insbesondere die in Ei, Käse und Tomatensoße gedünsteten Brotbällchen. Obwohl ich sie noch nie gegessen hatte, habe ich durch ein wenig Recherche erfahren, dass diese „fleischlosen Fleischbällchen" auch in anderen italienischen Regionen wie Kalabrien und Basilikata beliebt sind.

Der Koch im Weingut erzählte mir, dass er die Bällchen mit den Brotkrümeln gemacht habe – dem Inneren des Brotes ohne Schale. Ich mache sie mit Vollkornbrot. Da das Brot, das ich hier kaufe, nicht so fest ist wie italienisches Brot, gibt die Kruste den Kugeln Struktur.

Wenn Sie diese im Voraus zubereiten möchten, legen Sie die Fleischbällchen und die Soße bis kurz vor dem Servieren beiseite, damit die Fleischbällchen nicht zu viel von der Soße aufsaugen.

1 12-Unzen-italienischer oder französischer Laib, in 1-Zoll-Stücke geschnitten (ca. 8 Tassen)

2 Gläser kaltes Wasser

3 große Eier

½ Tasse geriebener Pecorino Romano, plus etwas mehr zum Servieren

¼ Tasse gehackte frische Petersilie

1 Knoblauchzehe, gehackt

Pflanzenöl zum Braten

die Soße

1 mittelgroße Zwiebel, fein gehackt

½ Tasse Olivenöl

2 (28-Unzen) Dosen importierter, hautloser italienischer Tomaten in ihrem Saft, gehackt

1 kleine getrocknete Peperoncino, gehackt oder eine Prise gemahlener roter Pfeffer

Salzig

6 frische Basilikumblätter

1.Schneiden oder hacken Sie das Brot in kleine Stücke oder mahlen Sie das Brot in einer Küchenmaschine zu groben Krümeln. Das Brot 20 Minuten in Wasser einweichen. Drücken Sie das Brot aus, um überschüssiges Wasser zu entfernen.

2.In einer großen Schüssel Eier, Käse, Petersilie und Knoblauch verquirlen und mit einer Prise Salz und Pfeffer abschmecken. Die Semmelbrösel einrühren und gut vermischen. Wenn die Mischung trocken erscheint, schlagen Sie ein weiteres Ei hinein. Gut mischen. Aus der Mischung Golfball-große Kugeln formen.

3.Gießen Sie so viel Öl in eine große, schwere Pfanne, dass eine Tiefe von 1/2 Zoll erreicht ist. Erhitzen Sie das Öl bei mittlerer Hitze, bis sich ein Tropfen der Brotmischung im Öl befindet.

4.Geben Sie die Kugeln in die Pfanne und kochen Sie sie unter vorsichtigem Wenden etwa 10 Minuten lang, bis sie von allen Seiten goldbraun sind. Lassen Sie die Kugeln auf Küchenpapier abtropfen.

5.Für die Soße die Zwiebel in einem großen Topf bei mittlerer Hitze in Olivenöl anbraten, bis sie weich ist. Tomaten, Peperoncino und Salz nach Geschmack hinzufügen. 15 Minuten kochen lassen oder bis es leicht eingedickt ist.

6.Brotbällchen hinzufügen und mit Soße beträufeln. Weitere 15 Minuten kochen lassen. Mit Basilikum bestreuen. Mit zusätzlichem Käse servieren.

Mit Ricotta gefüllte Pfannkuchen

Manicotti

Ergibt 6 bis 8 Portionen

Viele Köche verwenden Nudeltuben, um Manicotti zuzubereiten. Dies ist das neapolitanische Familienrezept meiner Mutter, das aus Crêpes besteht. Die fertigen Manicotti sind viel leichter als die, die man mit Nudeln zubereiten würde, und einige Köche finden es einfacher, Manicottia-Pfannkuchen zuzubereiten.

3 GläserNeapolitanisches Ragù

Pfannkuchen

1 Tasse Allzweckmehl

1 Glas Wasser

3 Eier

1/2 Teelöffel Salz

Pflanzenöl

Erfüllung

2 Pfund ganzer oder teilweise entrahmter Ricotta

4 Unzen frischer Mozzarella, gerieben oder zerkleinert

1/2 Tasse frisch geriebener Parmigiano-Reggiano

1 großes Ei

2 Esslöffel gehackte frische Petersilie

Frisch gemahlener schwarzer Pfeffer nach Geschmack

Eine Prise Salz

1/2 Tasse frisch geriebener Parmigiano-Reggiano

1. Bereiten Sie das Ragù vor. Anschließend die Pfannkuchenzutaten in einer großen Schüssel glatt rühren. Abdecken und 30 Minuten oder länger im Kühlschrank lagern.

2. Erhitzen Sie eine beschichtete 6-Zoll-Pfanne oder Tortillapfanne bei mittlerer bis hoher Hitze. Bestreichen Sie die Pfanne leicht mit Öl. Halten Sie die Pfanne mit einer Hand und löffeln Sie etwa 1/3 Tasse des Pfannkuchenteigs. Heben Sie die Pfanne sofort an und drehen Sie sie, um den Boden vollständig mit einer dünnen Teigschicht zu bedecken. Überschüssigen Teig abschütteln. Eine Minute lang backen oder bis der Rand des Pfannkuchens gebräunt ist und sich aus der Pfanne löst. Den Pfannkuchen mit den Fingern wenden und von der anderen Seite hellbraun

braten. Weitere 30 Sekunden kochen lassen oder bis es braun
ist.

3.Schieben Sie den fertigen Pfannkuchen auf einen Teller.
Wiederholen Sie den Vorgang, indem Sie aus dem restlichen Ei
Pfannkuchen formen und diese übereinander legen.

4.Für die Füllung alle Zutaten in einer großen Schüssel verrühren,
bis alles gut vermischt ist.

5.Verteilen Sie eine dünne Schicht Soße in einer 13 × 9 × 2 Zoll
großen Auflaufform. Um die Pfannkuchen zu füllen, geben Sie
etwa 1/4 Tasse der Füllung der Länge nach auf eine Seite eines
Pfannkuchens. Rollen Sie den Crêpe zu einem Zylinder und legen
Sie ihn mit der Naht nach unten in die Auflaufform. Füllen und
rollen Sie die restlichen Pfannkuchen weiter und legen Sie sie
dicht aneinander. Extra Löffel Soße. Mit Käse bestreuen.

6.Stellen Sie einen Rost in die Mitte des Ofens. Ofen auf 350°F
vorheizen. 30 bis 45 Minuten backen oder bis die Soße Blasen
bildet und die Manicotti durchgewärmt sind. Heiß servieren.

Abruzzesischer Crêpe und Pilz-Timbala

Timballo di Scrippelle

Ergibt 8 Portionen

Eine Freundin, deren Großmutter aus Teramo in den Abruzzen stammte, erinnerte sich an die köstlichen Pilz- und Käsepfannkuchen, die ihre Großmutter für die Feiertage gemacht hatte. Hier ist eine Version dieses Gerichts, die ich aus dem Buch Ricette di Osterie d'Italia von Slow Food Editore übernommen habe. Dem Buch zufolge wurden Crêpes im 17. Jahrhundert von französischen Köchen in die Region eingeführt.

21/2 Tassen<u>Toskanische Tomatensauce</u>

Pfannkuchen

5 große Eier

1/2 Tasse Wasser

1 Teelöffel Salz

1/2 Tasse Allzweckmehl

Pflanzenöl zum Braten

Erfüllung

1 Tasse getrocknete Pilze

1 Glas warmes Wasser

¼ Tasse Olivenöl

1 Pfund frische weiße Champignons, gewaschen und in dicke Scheiben geschnitten

1 Knoblauchzehe, gehackt

2 Esslöffel frische glatte Petersilie

Salz und frisch gemahlener schwarzer Pfeffer

12 Unzen frischer Mozzarella, in Scheiben geschnitten und in 1-Zoll-Stücke geschnitten

1 Tasse frisch geriebener Parmigiano-Reggiano

1. Bereiten Sie die Tomatensauce vor. In einer großen Schüssel die Pfannkuchenzutaten glatt rühren. Abdecken und 30 Minuten oder länger im Kühlschrank lagern.

2. Erhitzen Sie eine beschichtete 6-Zoll-Pfanne oder Tortillapfanne bei mittlerer bis hoher Hitze. Bestreichen Sie die Pfanne leicht mit Öl. Halten Sie die Pfanne mit einer Hand und löffeln Sie etwa

1/3 Tasse des Pfannkuchenteigs. Heben Sie die Pfanne sofort an und drehen Sie sie, um den Boden vollständig mit einer dünnen Teigschicht zu bedecken. Überschüssigen Teig abschütteln. 1 Minute backen, oder bis der Rand des Pfannkuchens gebräunt ist und sich aus der Pfanne löst. Den Pfannkuchen mit den Fingern wenden und von der anderen Seite hellbraun braten. Weitere 30 Sekunden kochen lassen oder bis es braun ist.

3. Schieben Sie den fertigen Pfannkuchen auf einen Teller. Wiederholen Sie die Herstellung von Pfannkuchen mit dem Rest des Teigs und schichten Sie sie übereinander.

4. Für die Füllung die getrockneten Pilze 30 Minuten in Wasser einweichen. Die Pilze herausnehmen und die Flüssigkeit aufbewahren. Waschen Sie die Pilze unter kaltem Wasser, um die Erde zu entfernen. Achten Sie dabei besonders auf die Enden der Stiele, an denen sich die Erde ansammelt. Die Pilze in dicke Scheiben schneiden. Die Pilzflüssigkeit durch einen Papierkaffeefilter in eine Schüssel abseihen.

5. Das Öl in einer großen Pfanne erhitzen. Die Pilze hinzufügen. Unter häufigem Rühren 10 Minuten kochen, bis die Pilze gebräunt sind. Knoblauch, Petersilie sowie Salz und Pfeffer nach Geschmack hinzufügen. Kochen, bis der Knoblauch goldbraun ist, weitere etwa 2 Minuten. Die getrockneten Pilze und ihre

Flüssigkeit unterrühren. 5 Minuten kochen lassen oder bis die meiste Flüssigkeit verdampft ist.

6. Stellen Sie einen Rost in die Mitte des Ofens. Ofen auf 375°F vorheizen. Verteilen Sie eine dünne Schicht Tomatensauce in einer 13 × 9 × 2 Zoll großen Auflaufform. Machen Sie eine Schicht Pfannkuchen, die sich etwas überlappt. Anschließend eine Schicht Pilze, Mozzarella, Soße und Käse auftragen. Die Schichten wiederholen und mit Pfannkuchen, Soße und geriebenem Käse abschließen.

7. 45 bis 60 Minuten backen oder bis die Sauce sprudelt. Vor dem Servieren 10 Minuten ruhen lassen. In Quadrate schneiden und heiß servieren.

Toskanische handgemachte Spaghetti mit Fleischsauce

Pici al Ragù

Ergibt 6 Portionen

Handgefertigte harte Nudeln sind in der Toskana und Teilen Umbriens beliebt, meist mit einer Fleischsoße. Die Nudeln heißen Pici oder Pinci und kommen vom Wort appicciata, was „mit der Hand ausgestreckt" bedeutet.

Wie man sie zubereitet, habe ich in Montefollonico in einem Restaurant namens La Chiusa gelernt, wo der Koch an jeden Tisch kommt und den Gästen eine kleine Demonstration zeigt, wie man sie zubereitet. Diese sind sehr einfach herzustellen, wenn auch zeitaufwändig.

3 Tassen ungebleichtes Allzweckmehl und mehr für den Teig

Salzig

1 Esslöffel Olivenöl

Etwa 1 Tasse Wasser

6 TassenToskanische Fleischsoße

¹/2 Tasse frisch geriebener Parmigiano-Reggiano

1. Mehl und 1/4 Teelöffel Salz in eine große Schüssel geben und verrühren. Olivenöl in die Mitte träufeln. Beginnen Sie mit dem Mischen der Mischung, während Sie langsam das Wasser hinzufügen, und hören Sie auf, wenn der Teig anfängt, sich zu verbinden und eine Kugel zu formen. Den Teig auf eine leicht bemehlte Fläche geben und etwa 10 Minuten lang kneten, bis er glatt und elastisch ist.

2. Den Teig zu einer Kugel formen. Mit einer umgedrehten Schüssel abdecken und 30 Minuten ruhen lassen.

3. Eine große Backform bemehlen. Den Teig vierteln. Arbeiten Sie jeweils mit einem Viertel des Teigs und bedecken Sie den Rest. Nehmen Sie kleine Stücke von der Größe einer Haselnuss.

4. Rollen Sie jedes Teigstück auf einer leicht bemehlten Oberfläche mit ausgestreckten Händen etwa 2,5 cm dick aus. Die Stränge mit etwas Abstand auf das vorbereitete Backblech legen. Mit dem restlichen Teig wiederholen. Lassen Sie die Nudeln etwa 1 Stunde lang ohne Deckel trocknen.

5. In der Zwischenzeit die Soße zubereiten. Anschließend 4 Liter Wasser in einem großen Topf zum Kochen bringen. Nach Geschmack Salz hinzufügen. Die Erbsen dazugeben und al dente

kochen, weich, aber bissfest. Die Nudeln abgießen und mit der Soße in eine große, vorgewärmte Schüssel geben. Den Käse umrühren und noch einmal umrühren. Heiß servieren.

Pici mit Knoblauch und Semmelbröseln

Pici con le Briciole

Ergibt 4 bis 6 Portionen

Dieses Gericht stammt aus La Fattoria, einem urigen Restaurant am Seeufer in der Nähe der etruskischen Stadt Chiusi.

1 Pfund<u>Toskanische handgemachte Spaghetti mit Fleischsauce</u>, Schritte 1 bis 6

½ Tasse Olivenöl

4 große Knoblauchzehen

½ Tasse trockene Semmelbrösel

½ Tasse frisch geriebener Pecorino Romano

1. Bereiten Sie die Nudeln vor. In einer Pfanne, die groß genug ist, um alle Nudeln aufzunehmen, das Öl bei mittlerer Hitze erhitzen. Die Knoblauchzehen fein hacken und in die Pfanne geben. Kochen, bis der Knoblauch goldbraun ist, etwa 5 Minuten. Lass es nicht braun werden. Den Knoblauch aus der Pfanne nehmen und die Semmelbrösel unterrühren. Unter häufigem Rühren ca. 5 Minuten kochen, bis die Krümel gebräunt sind.

2. In der Zwischenzeit mindestens 4 Liter Wasser zum Kochen bringen. Die Nudeln und 2 Esslöffel Salz hinzufügen. Gut mischen. Bei starker Hitze unter häufigem Rühren kochen, bis die Nudeln al dente, weich, aber fest sind. Die Nudeln abgießen.

3. Die Krümel in die Nudelpfanne geben und bei mittlerer Hitze gut vermengen. Den Käse umrühren und noch einmal umrühren. Sofort servieren.

Grieß-Nudelteig

Ergibt etwa 1 Pfund

Hartweizengrieß wird im Süden Italiens, insbesondere in Apulien, Kalabrien und der Basilikata, zur Herstellung verschiedener frischer Pasta verwendet. Gekocht sind diese Nudeln zäh und passen gut zu kräftigen Fleisch- und Gemüsesaucen. Der Teig ist sehr steif. Es kann mit der Hand geknetet werden, obwohl es eine ziemliche Übung ist. Ich bevorzuge es, eine Küchenmaschine oder einen Hochleistungsmixer zu verwenden, um schwere Mischungen zuzubereiten, und knete sie dann kurz mit der Hand, um sicherzustellen, dass sie die richtige Konsistenz haben.

1/2 Tasse feiner Grieß

1 Tasse Allzweckmehl und etwas mehr zum Bestäuben

1 Teelöffel Salz

Etwa 2/3 Tassen warmes Wasser

1.Kombinieren Sie die trockenen Zutaten in der Schüssel einer Küchenmaschine oder eines Hochleistungsmixers. Nach und nach Wasser hinzufügen, bis ein fester, nicht klebriger Teig entsteht.

2.Den Teig auf eine leicht bemehlte Fläche stürzen. Etwa 2 Minuten lang kneten, bis alles glatt ist.

3.Den Teig mit einer Schüssel abdecken und 30 Minuten gehen lassen. Zwei große Backbleche mit Mehl bestäuben.

4.Den Teig in 8 Stücke schneiden. Arbeiten Sie jeweils an einem Stück und bedecken Sie die anderen Stücke mit einem umgedrehten Behälter. Rollen Sie auf einer leicht bemehlten Oberfläche ein Stück Teig zu einem etwa 2,5 cm dicken langen Strang aus. Den Cavatelli- oder Orrecchiette-Teig wie in der Anleitung beschrieben formen<u>Cavatelli mit Ragù</u>das Rezept

Cavatelli mit Ragù

Cavatelli mit Ragù

Ergibt 6 bis 8 Portionen

Geschäfte und Kataloge für Nudelmaschinen verkaufen häufig Cavatelli-Geräte. Es sieht aus wie ein altmodischer Fleischwolf. Man drückt es auf den Tisch, steckt an einem Ende eine Teigschnur fest, dreht die Kurbel und am anderen Ende kommen die sauber zubereiteten Cavatelli heraus. Es ergibt eine kleine Menge dieses Teigs, aber ich würde mir nicht die Mühe machen, es sei denn, ich mache viele Cavatelli.

Arbeiten Sie beim Formen von Cavatelli auf einer Holzoberfläche oder einer rauen Struktur. Die raue Oberfläche hält die Nudelteigstücke fest, anstatt sie mit dem Messer zu ziehen, anstatt sie wie eine glatte, rutschige Rutsche gleiten zu lassen.

Wurst RagùoderSizilianische Tomatensauce

1 PfundGrieß-NudelteigVorbereitet in Schritt 4

Salzig

1.Bereiten Sie das Ragù oder die Soße vor. Bereiten Sie 2 mit Mehl bestäubte Backbleche vor.

2. Den Teig in 1/2 Zoll große Stücke schneiden. Halten Sie ein kleines Messer mit stumpfer Klinge und abgerundeter Spitze und drücken Sie Ihren Zeigefinger gegen die Messerklinge. Tauchen Sie jedes Teigstück ein, indem Sie es leicht drücken und ziehen, um den Teig um die Messerspitze herum zu kräuseln und eine Muschelform zu bilden.

3. Teilen Sie die Portionen auf die vorbereiteten Pfannen auf. Mit dem restlichen Teig wiederholen. (Wenn Sie die Cavatelli nicht innerhalb einer Stunde verwenden, stellen Sie die Pfannen in den Gefrierschrank. Wenn die Stücke fest sind, legen Sie sie in eine Plastiktüte und verschließen Sie sie fest. Vor dem Kochen nicht auftauen.)

4. Zum Kochen bringen Sie vier Liter kaltes Wasser bei starker Hitze zum Kochen. Cavatelli und 2 Teelöffel Salz hinzufügen. Unter gelegentlichem Rühren kochen, bis die Nudeln zart, aber noch etwas zäh sind.

5. Die Cavatelli abtropfen lassen und in eine vorgewärmte Schüssel geben. Mit der Soße vermischen. Heiß servieren.

Cavatelli mit Calamari und Safran

Cavatelli mit Sugo di Calamari

Ergibt 6 Portionen

Die leicht zähe Textur des Tintenfischs gleicht die Zähigkeit der Cavatelli in diesem modernen sizilianischen Rezept aus. Die Sauce erhält ihre glatte und samtige Textur durch eine Mischung aus Mehl und Olivenöl sowie die schöne gelbe Farbe des Safrans.

1 Teelöffel Safran

2 Esslöffel warmes Wasser

1 mittelgroße Zwiebel, fein gehackt

2 Knoblauchzehen, sehr fein gehackt

5 Esslöffel Olivenöl

1 Kilo gewaschen<u>Tintenfisch</u>(Tintenfisch), in 2,5 cm große Ringe schneiden

1/2 Tasse trockener Weißwein

Salz und frisch gemahlener schwarzer Pfeffer

1 Esslöffel Mehl

1 Pfund frische oder gefrorene Cavatelli

¼ Tasse gehackte frische glatte Petersilie

Natives Olivenöl extra

1.Den Safran in warmem Wasser mahlen und stehen lassen.

2.In einer Pfanne, die groß genug ist, um alle Nudeln aufzunehmen, die Zwiebel und den Knoblauch in 4 Esslöffeln Öl bei mittlerer Hitze etwa 10 Minuten lang anbraten, bis die Zwiebel leicht goldbraun ist. Fügen Sie die Calamari hinzu und kochen Sie sie unter Rühren etwa 2 Minuten lang, bis die Calamari undurchsichtig sind. Mit Wein, Salz und Pfeffer abschmecken. Zum Kochen bringen und 1 Minute kochen lassen.

3.Den restlichen 1 Esslöffel Öl und das Mehl vermischen. Rühren Sie die Mischung unter die Calamari. Zum Kochen bringen. Die Safranmischung hinzufügen und weitere 5 Minuten kochen lassen.

4.In der Zwischenzeit mindestens 4 Liter Wasser zum Kochen bringen. Die Nudeln und 2 Esslöffel Salz hinzufügen. Gut mischen. Bei starker Hitze unter häufigem Rühren kochen, bis die Nudeln zart, aber leicht gekocht sind. Die Nudeln abgießen und etwas Kochflüssigkeit auffangen.

5.Die Nudeln mit den Calamari in der Pfanne verrühren. Fügen Sie etwas von dem zurückbehaltenen Wasser hinzu, wenn die Mischung trocken erscheint. Petersilie einrühren und gut vermischen. Vom Herd nehmen und mit etwas nativem Olivenöl extra beträufeln. Sofort servieren.

Cavatelli mit Rucola und Tomate

Cavatelli mit Rughetta und Pomodori

Ergibt 4 bis 6 Portionen

Rucola ist als grüner Salat bekannt, in Apulien wird er jedoch oft gekocht oder, wie in diesem Rezept, in letzter Minute in heiße Suppen oder Nudelgerichte gemischt, um ihn einfach zusammenfallen zu lassen. Ich mag den würzig-nussigen Geschmack, der dadurch entsteht.

¼ Tasse Olivenöl

2 Knoblauchzehen, fein gehackt

2 Pfund reife Pflaumentomaten, geschält, entkernt und gehackt, oder 1 (28 Unzen) importierte italienische blanchierte Tomate mit ihrem Saft

Salz und frisch gemahlener schwarzer Pfeffer

1 Pfund frische oder gefrorene Cavatelli

½ Tasse geriebener Ricotta-Salata oder Pecorino Romano

1 großer Bund Rucola, geputzt und in kleine Stücke geschnitten (ca. 2 Tassen)

1.In einer Pfanne, die groß genug ist, um alle Zutaten aufzunehmen, den Knoblauch im Öl bei mittlerer Hitze etwa 2 Minuten lang anbraten, bis er leicht goldbraun ist. Fügen Sie die Tomaten sowie Salz und Pfeffer hinzu und schmecken Sie ab. Kochen Sie die Soße etwa 20 Minuten lang, bis sie eindickt.

2.Bringen Sie mindestens 4 Liter Wasser zum Kochen. Nach Geschmack Nudeln und Salz hinzufügen. Gut mischen. Bei starker Hitze unter häufigem Rühren kochen, bis die Paste weich ist. Die Nudeln abgießen und etwas Kochflüssigkeit auffangen.

3.Die Nudeln in der Tomatensauce mit der Hälfte des Käses vermischen. Den Rucola dazugeben und gut vermischen. Fügen Sie etwas von dem zurückbehaltenen Wasser hinzu, wenn die Nudeln zu trocken erscheinen. Mit dem restlichen Käse bestreuen und sofort servieren.

Orecchiette mit Schweinelende

Orecchiette mit Ragù di Maiale

Ergibt 6 bis 8 Portionen

Meine Freundin Dora Marzovilla kommt aus Rutigliano, in der Nähe von Bari. Er ist ein erfahrener Nudelhersteller und ich habe viel von ihm gelernt. Dora hat ein spezielles Nudelbrett aus Holz, das nur zum Zubereiten von Nudeln verwendet wird. Während Dora für das New Yorker Restaurant ihrer Familie, I Trulli, viele Arten frischer Pasta herstellt, wie Gnocchi, Cavatelli, Ravioli und Maloreddus – sardische Safran-Gnocchi –, ist ihre Spezialität Orecchiette.

Die Zubereitung von Orecchiette ist der Zubereitung von Cavatelli sehr ähnlich. Der Hauptunterschied besteht darin, dass die Nudelschale eine offenere Kuppelform hat, so etwas wie ein umgekehrter Frisbee oder, in der fantasievollen italienischen Vorstellung, kleine Ohren, daher der Name.

1 RezeptGrießteig

3 GläserSchweinefilet mit frischen Kräutern

1/2 Tasse frisch geriebener Pecorino Romano

1. Den Ragù und den Teig vorbereiten. Bereiten Sie 2 große, mit Mehl bestäubte Backbleche vor. Den Teig in 1/2 Zoll große Stücke schneiden. Halten Sie ein kleines Messer mit stumpfer Klinge und abgerundeter Spitze und drücken Sie Ihren Zeigefinger gegen die Messerklinge. Jedes Teigstück mit der Messerspitze flach drücken und dabei leicht andrücken und ziehen, sodass der Teig eine Scheibe bildet. Drehen Sie jede Scheibe über Ihren Daumen, sodass eine Kuppelform entsteht.

2. Teilen Sie die Portionen auf die vorbereiteten Pfannen auf. Mit dem restlichen Teig wiederholen. (Wenn Sie die Orecchiette nicht innerhalb einer Stunde verwenden, stellen Sie die Formen in den Gefrierschrank. Wenn die Stücke fest sind, legen Sie sie in eine Plastiktüte und verschließen Sie sie fest. Vor dem Kochen nicht auftauen.)

3. Bringen Sie mindestens 4 Liter Wasser zum Kochen. Nach Geschmack Nudeln und Salz hinzufügen. Gut mischen. Bei starker Hitze unter häufigem Rühren kochen, bis die Nudeln al dente, weich, aber fest sind. Die Nudeln abgießen und etwas Kochflüssigkeit auffangen.

4. Die Nudeln zum Ragù geben. Den Käse dazugeben und gut vermischen. Falls die Soße zu dick erscheint, etwas vom zurückbehaltenen Kochwasser hinzufügen. Sofort servieren.

Orecchiette mit Broccoli Rabe

Orecchiette mit Cime di Rape

Ergibt 4 bis 6 Portionen

Dies ist praktisch das offizielle Gericht Apuliens und Sie werden nirgendwo ein besseres finden. Es erfordert Broccoli Rabe, auch Rapini genannt, es können aber auch Rüben, Senf, Grünkohl oder normaler Brokkoli verwendet werden. Brokkoli hat lange Stiele und Blätter und einen angenehm bitteren Geschmack, obwohl das Kochen einen Teil der Bitterkeit mildert und mildert.

1 Bund Brokkoli-Rabe (ca. 5 kg), in 2,5 cm große Stücke geschnitten

Salzig

⅓ Tasse Olivenöl

4 Knoblauchzehen

8 Sardellenscheiben

Eine Prise gemahlener roter Pfeffer

1 Kilo frische Orecchiette oder Cavatelli

1.Bringen Sie einen großen Topf Wasser zum Kochen. Brokkoli und Salz nach Geschmack hinzufügen. Den Broccoli Rabe 5 Minuten kochen und dann abtropfen lassen. Es sollte noch fest sein.

2.Trocknen Sie das Glas. Das Öl mit dem Knoblauch bei mittlerer Hitze erhitzen. Sardellen und rote Paprika hinzufügen. Wenn der Knoblauch goldbraun ist, fügen Sie den gerösteten Brokkoli hinzu. Kochen Sie den Brokkoli unter gutem Rühren etwa 5 Minuten lang mit Öl, bis er weich ist.

3.Bringen Sie mindestens 4 Liter Wasser zum Kochen. Nach Geschmack Nudeln und Salz hinzufügen. Gut mischen. Bei starker Hitze unter häufigem Rühren kochen, bis die Nudeln al dente, weich, aber fest sind. Die Nudeln abgießen und etwas Kochflüssigkeit auffangen.

4.Die Nudeln zum Broccoli Rabe geben. Unter Rühren 1 Minute kochen, bis die Nudeln gut vermischt sind. Bei Bedarf etwas von der Kochflüssigkeit hinzufügen.

Variation: Sardellen herausnehmen. Die Nudeln mit gehackten gerösteten Mandeln oder geriebenem Pecorino Romano bestreut servieren.

Variation: Sardellen herausnehmen. Entfernen Sie die Hülle von 2 italienischen Würstchen. Schneiden Sie das Fleisch und kochen Sie es mit Knoblauch, Peperoni und Brokkoli. Mit Pecorino Romano bestreut servieren.

Orecchiette mit Blumenkohl und Tomaten

Orecchiette mit Cavolfiore und Pomodori

Ergibt 4 bis 6 Portionen

Ein sizilianischer Verwandter hat mir beigebracht, wie man diese Pasta macht, aber sie wird auch in Apulien gegessen. Wenn Sie möchten, können Sie die gerösteten Semmelbrösel durch geriebenen Käse ersetzen.

1/3 Tasse plus 2 Esslöffel Olivenöl

1 Knoblauchzehe, gehackt

3 Pfund Pflaumentomaten, geschält, entkernt und gehackt oder 1 (28 Unzen) importierte italienische geschälte Tomate mit ihrem Saft, gehackt

1 mittelgroßer Blumenkohl, gewaschen und in Röschen geschnitten

Salz und frisch gemahlener schwarzer Pfeffer

3 Esslöffel einfache, trockene Semmelbrösel

2 Sardellen, in Scheiben geschnitten (optional)

1 Pfund frische Orecchiette

1. In einer Pfanne, die groß genug ist, um alle Zutaten aufzunehmen, den Knoblauch in 1/3 Tasse Olivenöl bei mittlerer Hitze goldbraun braten. Fügen Sie die Tomaten sowie Salz und Pfeffer hinzu und schmecken Sie ab. Zum Kochen bringen und 10 Minuten kochen lassen.

2. Den Blumenkohl unterrühren. Abdecken und unter gelegentlichem Rühren ca. 25 Minuten kochen, bis der Blumenkohl sehr zart ist. Kratzen Sie den Blumenkohl mit der Rückseite eines Löffels ab.

3. In einer kleinen Pfanne die restlichen 2 Esslöffel Öl bei mittlerer Hitze erhitzen. Bei Bedarf Semmelbrösel und Sardellen hinzufügen. Unter Rühren kochen, bis die Krümel geröstet sind und das Öl absorbiert ist.

4. Bringen Sie mindestens 4 Liter Wasser zum Kochen. Nach Geschmack Nudeln und Salz hinzufügen. Unter häufigem Rühren kochen, bis die Nudeln al dente, weich, aber fest sind. Lassen Sie die Nudeln abgießen, aber behalten Sie etwas von der Kochflüssigkeit auf.

5. Die Nudeln mit der Tomaten-Blumenkohl-Sauce vermischen. Bei Bedarf etwas von der Kochflüssigkeit hinzufügen. Mit Semmelbröseln bestreuen und sofort servieren.

Orecchiette mit Wurst und Kohl

Orecchiette mit Salsiccia und Cavolo

Ergibt 6 Portionen

Als meine Freundin Domenica Marzovilla von einer Reise in die Toskana zurückkam, beschrieb sie mir diese Pasta, die sie bei einer Freundin gegessen hatte. Es sah so einfach und gut aus, dass ich nach Hause ging und es machte.

2 Esslöffel Olivenöl

8 Unzen süße Schweinswurst

8 Unzen heiße Schweinswurst

2 Tassen importierte italienische Dosentomaten, abgetropft und gehackt

Salzig

1 Pfund Kohl (ungefähr 1/2 mittelgroßer Kopf)

1 Kilo frische Orecchiette oder Cavatelli

1. Das Öl in einem mittelgroßen Topf bei mittlerer Hitze erhitzen. Die Würstchen dazugeben und ca. 10 Minuten braten, bis sie von allen Seiten gebräunt sind.

2. Die Tomaten und eine Prise Salz hinzufügen. Zum Kochen bringen und etwa 30 Minuten kochen lassen, bis die Soße eindickt.

3. Schneiden Sie den Kern des Kohls ab. Den Kohl in dünne Streifen schneiden.

4. Bringen Sie einen großen Topf Wasser zum Kochen. Fügen Sie den Kohl hinzu und kochen Sie ihn 1 Minute lang, nachdem das Wasser kocht. Den Kohl mit einem Teelöffel herausnehmen. Gut abtropfen lassen. Bewahren Sie das Kochwasser auf.

5. Legen Sie die Würste auf ein Schneidebrett und lassen Sie die Soße in der Pfanne. Den Kohl zur Soße geben; 15 Minuten kochen lassen. Die Wurst in dünne Scheiben schneiden.

6. Bringen Sie das Wasser wieder zum Kochen und kochen Sie die Nudeln mit Salz nach Geschmack. Gut abtropfen lassen und mit Wurst und Soße vermischen. Heiß servieren.

Orecchiette mit Schwertfisch

Orecchiette mit Pesce Spada

Ergibt 4 bis 6 Portionen

Wenn Sie möchten, können Sie den Schwertfisch auch durch Thunfisch oder Hai ersetzen. Das Salzen der Aubergine entfernt einen Teil der bitteren Säfte und verbessert die Konsistenz, obwohl viele Köche diesen Schritt für unnötig halten. Ich füge immer Salz hinzu, aber Sie haben die Wahl. Die Aubergine kann einige Stunden vor der Pasta gekocht werden. Vor dem Servieren etwa 10 Minuten lang auf einem Backblech in einem auf 350 °F vorgeheizten Ofen erhitzen. Diese sizilianische Pasta ist in der italienischen Küche insofern ungewöhnlich, als die Soße zwar Fisch enthält, sie aber mit Käse verfeinert wird, der für mehr Würze sorgt.

1 große oder 2 kleine Auberginen (ca. 1 1/2 Kilo)

Grobes Salz

Mais oder anderes Pflanzenöl zum Braten

3 Esslöffel Olivenöl

1 große Knoblauchzehe, sehr fein gehackt

2 Frühlingszwiebeln, fein gehackt

8 Unzen Schwertfisch oder andere fleischige Fischfilets (1/2 Zoll dick), gehäutet und in 1/2 Zoll große Stücke geschnitten

Frisch gemahlener schwarzer Pfeffer nach Geschmack

2 Esslöffel Weißweinessig

2 Tassen frische, geschälte, entkernte und gehackte Tomaten oder importierte italienische Tomaten aus der Dose, gehackt in ihrem Saft

1 Teelöffel frische Oreganoblätter, gehackt, oder etwas getrockneter Oregano

1 Kilo frische Orecchiette oder Cavatelli

1/3 Tasse frisch geriebener Pecorino Romano

1.Schneiden Sie die Aubergine in 2,5 cm große Würfel. Legen Sie die Stücke in ein Sieb auf einen Teller und bestreuen Sie sie großzügig mit Salz. 30 Minuten bis eine Stunde einwirken lassen. Die Auberginenstücke schnell waschen. Legen Sie die Stücke auf Küchenpapier und drücken Sie sie aus, bis sie trocken sind.

2.In einer großen, tiefen Pfanne bei mittlerer Hitze etwa 1/2 Zoll Öl erhitzen. Um das Öl zu testen, legen Sie vorsichtig ein kleines

Stück Aubergine hinein. Wenn die Auberginen knusprig und schnell gar sind, fügen Sie so viel Auberginen hinzu, dass eine einzige Schicht entsteht. Überfüllen Sie die Pfanne nicht. Unter gelegentlichem Rühren ca. 5 Minuten kochen, bis die Aubergine knusprig und gebräunt ist. Entfernen Sie die Stücke mit einem Schaumlöffel. Auf Küchenpapier gut abtropfen lassen. Wiederholen Sie den Vorgang mit der restlichen Aubergine. Lass es beiseite.

3. In einer mittelgroßen Pfanne bei mittlerer Hitze Olivenöl mit Knoblauch und Frühlingszwiebeln 30 Sekunden lang anbraten. Den Fisch dazugeben und mit Salz und Pfeffer bestreuen. Unter gelegentlichem Rühren kochen, bis der Fisch nicht mehr rosa ist, etwa 5 Minuten. Den Essig hinzufügen und 1 Minute kochen lassen. Tomaten und Oregano hinzufügen. Zum Kochen bringen und 15 Minuten köcheln lassen, bis es leicht eingedickt ist.

4. In der Zwischenzeit einen großen Topf mit kaltem Wasser zum Kochen bringen. Mit Salz abschmecken und Nudeln hinzufügen. Unter gelegentlichem Rühren kochen, bis es al dente ist und sich weich, aber fest anfühlt. Gut abtropfen lassen.

5. In einer großen erhitzten Schüssel Nudeln, Soße und Auberginen vermischen. gut werfen Käse unterrühren. Heiß servieren.

Reis, Maismehl und andere Getreidesorten

Von den vielen Getreidearten, die in ganz Italien angebaut und verwendet werden, sind Reis- und Maismehl die am weitesten verbreiteten. Farro, Couscous und Gerste sind regionale Favoriten, ebenso wie Weizenbeeren.

Reis wurde erstmals aus dem Nahen Osten nach Italien gebracht. Besonders gut gedeiht sie in Norditalien, vor allem in den Regionen Piemont und Emilia-Romagna.

Italienische Köche legen großen Wert auf die Art des mittelkörnigen Reises, die sie bevorzugen, auch wenn die Unterschiede zwischen den Sorten subtil sein können. Viele Köche empfehlen eine Sorte für ein Meeresfrüchte-Risotto und eine andere für ein Gemüse-Risotto. Oftmals sind die Vorlieben regionaler oder traditioneller Natur, obwohl jede Sorte spezifische Merkmale aufweist. Carnaroli-Reis behält seine Form gut und ergibt ein etwas cremigeres Risotto. Vialone Nano gart schneller und hat einen milderen Geschmack. Arborio ist am beliebtesten und zugänglichsten, aber der Geschmack ist weniger subtil. Es eignet sich am besten für Risotto mit stark aromatisierten Zutaten.

Jede dieser drei Variationen kann für die Risotto-Rezepte in diesem Buch verwendet werden.

Mais ist in Italien eine relativ neue Nutzpflanze. Erst nach der europäischen Erkundung der Neuen Welt gelangte der Mais nach Spanien und verbreitete sich von dort auf dem gesamten Kontinent. Mais lässt sich leicht und günstig anbauen, daher wurde er bald angepflanzt. Der größte Teil davon wird als Tierfutter angebaut, aber Maismehl, sowohl weißes als auch gelbes, wird hauptsächlich für Polenta verwendet. Mais wird in Italien selten gegessen, außer in Neapel, wo Händler manchmal gegrillten Mais als Straßenessen verkaufen. Römer fügen ihren Salaten manchmal Maiskörner aus der Dose hinzu, aber das ist eine exotische Kuriosität.

Farro und ähnliche weizenähnliche Körner kommen am häufigsten in Mittel- und Süditalien vor, wo sie angebaut werden. Farro, eine alte Weizensorte, gilt in Italien als gesund. Es eignet sich hervorragend für Suppen, Salate und andere Zubereitungen.

Gerste ist ein uraltes Getreide, das in kalten nördlichen Regionen gut wächst. Die Römer verfütterten ihre Armeen mit Gerste und anderem Getreide. Es wurde in einem Brei oder einer Suppe namens Leku gekocht, wahrscheinlich dem Vorgänger der Polenta. Heute kommt Gerste vor allem im Nordosten Italiens, in der Nähe von Österreich, vor, wo sie als Risotto zubereitet oder zu Suppen hinzugefügt wird.

Couscous, hergestellt aus zu kleinen Kugeln gerolltem Hartweizenmehl, ist typisch für Westsizilien und ein Überbleibsel der arabischen Herrschaft in der Region vor Jahrhunderten. Es wird normalerweise mit Meeresfrüchten oder Fleischsuppe gekocht.

REIS

Reis wird in Norditalien in den Regionen Piemont und Emilia-Romagna angebaut und ist ein Grundnahrungsmittel, das als Hauptgericht anstelle von Nudeln oder Suppe gegessen wird. Die klassische Art, Reis zu kochen, ist wie Risotto, das ist die Idee von himmlischem Reis!

Wenn Sie es noch nie zuvor gemacht haben, mag die Risotto-Technik ungewöhnlich erscheinen. Keine andere Kultur kocht Reis so gut wie die Italiener, obwohl die Technik der Herstellung von Pilaw ähnelt, bei der der Reis gebraten und dann gekocht und die Kochflüssigkeit aufgesogen wird. Die Idee besteht darin, den Reis so zu kochen, dass er die Stärke freisetzt und eine cremige Sauce entsteht. Der fertige Reis sollte weich, aber bissfest sein – al dente.

Die Körner haben die Aromen der anderen Zutaten aufgenommen und sind von einer cremigen Flüssigkeit umgeben. Um ein optimales Ergebnis zu erzielen, sollte Risotto direkt nach dem Kochen gegessen werden, da es sonst trocken und matschig sein kann.

Risotto schmeckt am besten, wenn Sie es zu Hause zubereiten. Nur wenige Restaurants können sich ausreichend Zeit für die Risotto-Zubereitung nehmen, auch wenn diese nicht sehr lange dauert. In vielen Restaurantküchen wird der Reis teilweise vorgekocht und dann abgekühlt. Wenn jemand Risotto bestellt, wird der Reis erhitzt und der Flüssigkeit werden alle nötigen Geschmackszutaten hinzugefügt, um den Garvorgang abzuschließen.

Sobald Sie die Vorgehensweise verstanden haben, ist die Zubereitung von Risotto ganz einfach und kann an viele verschiedene Zutatenkombinationen angepasst werden. Der erste Schritt bei der Zubereitung von Risotto ist die Wahl der richtigen Reissorte. Langkornreis, wie er in den USA üblich ist, eignet sich nicht für Risotto, da ihm die richtige Stärke fehlt. Mittelkörniger Reis, der normalerweise als Sorten Arborio, Carnaroli oder Vialone Nano verkauft wird, enthält eine Art Stärke, die beim Kochen und

Mischen mit Brühe oder einer anderen Flüssigkeit freigesetzt wird. Die Stärke verbindet sich mit der Flüssigkeit und wird cremig.

Aus Italien importierter mittlerer Reis ist in Supermärkten weit verbreitet. Es wird auch in den Vereinigten Staaten angebaut und ist mittlerweile leicht zu finden.

Sie benötigen außerdem eine gute Hühner-, Fleisch-, Fisch- oder Gemüsebrühe. Selbstgemachtes wird bevorzugt, es kann aber auch Dosenbrühe (oder abgepackte Brühe) verwendet werden. Ich finde im Laden gekaufte Brühe zu stark, um sie direkt aus der Flasche zu verwenden, und verdünne sie oft mit Wasser. Denken Sie daran, dass verpackte Brühen einen hohen Salzgehalt haben, es sei denn, Sie verwenden eine Variante mit niedrigem Natriumgehalt. Passen Sie daher die Salzzugabe entsprechend an. Brühwürfel sind sehr salzig und künstlich aromatisiert, deshalb verwende ich sie nicht.

Weißes Risotto

Risotto Bianco

Ergibt 4 Portionen

Dieses einfache weiße Risotto ist so einfach und sättigend wie Vanilleeis. Als Vorspeise oder Beilage zu Fleischeintopf servieren. Wenn Sie frische Trüffel haben, versuchen Sie, diese über das fertige Risotto zu raspeln, um ihm eine luxuriöse Note zu verleihen. In diesem Fall müssen Sie den Käse entfernen.

4 Gläser<u>Fleischbrühe</u>oder<u>Hühnersuppe</u>

4 Esslöffel ungesalzene Butter

1 Esslöffel Olivenöl

1/4 Tasse gehackte oder fein gehackte Zwiebel

1/2 Tasse mittelgroßer Reis, wie Arborio, Carnaroli oder Vialone Nano

1/2 Tasse trockener Weißwein oder Sekt

Salz und frisch gemahlener schwarzer Pfeffer

1/2 Tasse frisch geriebener Parmigiano-Reggiano

1. Bereiten Sie bei Bedarf die Brühe vor. Bringen Sie die Brühe bei mittlerer bis hoher Hitze zum Kochen und reduzieren Sie dann die Hitze, um die Brühe warm zu halten. In einem breiten, schweren Topf 3 Esslöffel Butter mit dem Öl bei mittlerer Hitze schmelzen. Fügen Sie die Schalotten hinzu und kochen Sie sie etwa 5 Minuten lang, bis sie weich, aber nicht gebräunt sind.

2. Den Reis hinzufügen und mit einem Holzlöffel etwa 2 Minuten lang umrühren, bis er durchgewärmt ist. Den Wein hinzufügen und unter Rühren kochen, bis der größte Teil der Flüssigkeit verdampft ist.

3. Gießen Sie eine halbe Tasse Brühe über den Reis. Unter Rühren kochen, bis die meiste Flüssigkeit aufgesogen ist. Fügen Sie weiterhin jeweils eine halbe Tasse Brühe hinzu und rühren Sie nach jeder Zugabe um. Stellen Sie die Hitze so ein, dass die Flüssigkeit schnell kocht, der Reis aber nicht an der Pfanne kleben bleibt. Nach der Hälfte der Garzeit nach Belieben Salz und Pfeffer hinzufügen.

4. So viel Brühe verwenden, bis der Reis weich, aber fest und das Risotto cremig ist. Wenn Sie glauben, dass es fertig ist, probieren Sie ein paar Körner. Wenn Sie noch nicht bereit sind, versuchen Sie es in einer Minute noch einmal. Wenn die Brühe

aufgebraucht ist, bevor der Reis gar ist, verwenden Sie heißes
Wasser. Die Garzeit beträgt 18 bis 20 Minuten.

5. Nehmen Sie die Risottopfanne vom Herd. Den restlichen
Esslöffel Butter und Käse unterrühren, bis alles geschmolzen
und cremig ist. Sofort servieren.

Safranrisotto nach Mailänder Art

Risotto Milanese

Ergibt 4 bis 6 Portionen

Goldenes Risotto mit Safrangeschmack ist der klassische Mailänder Begleiter zu Osso Buco (siehe<u>Kalbfleisch nach Mailänder Art</u>). Die Zugabe von Mark von großen Rinderknochen zum Risotto verleiht ihm einen reichhaltigen, fleischigen Geschmack und ist traditionell, kann aber auch ohne Risotto zubereitet werden.

6 Tassen<u>Hühnersuppe</u>oder<u>Fleischbrühe</u>

½ Teelöffel gehackte Safranfäden

4 Esslöffel ungesalzene Butter

2 Esslöffel Rindermark (optional)

2 Esslöffel Olivenöl

1 kleine Zwiebel, sehr fein gehackt

2 Tassen (1 Pfund) mittelgroßer Reis, wie Arborio, Carnaroli oder Vialone Nano

Salz und frisch gemahlener schwarzer Pfeffer

¹/2 Tasse frisch geriebener Parmigiano-Reggiano

1.Bereiten Sie bei Bedarf die Brühe vor. Bringen Sie die Brühe bei mittlerer bis hoher Hitze zum Kochen und reduzieren Sie dann die Hitze, um die Brühe warm zu halten. 1/2 Tasse Brühe abnehmen und in eine kleine Schüssel geben. Den Safran hinzufügen und eine Weile einweichen lassen.

2.In einem breiten, schweren Topf 2 Esslöffel Butter, optional Ghee und Öl bei mittlerer Hitze erhitzen. Wenn die Butter geschmolzen ist, fügen Sie die Zwiebel hinzu und kochen Sie sie unter häufigem Rühren etwa 10 Minuten lang goldbraun.

3.Fügen Sie den Reis hinzu und kochen Sie ihn unter Rühren mit einem Holzlöffel etwa 2 Minuten lang, bis er durchgewärmt ist. 1/2 Tasse heiße Brühe hinzufügen und rühren, bis die Flüssigkeit aufgesogen ist. Fügen Sie weiterhin jeweils eine halbe Tasse Brühe hinzu und rühren Sie nach jeder Zugabe um. Stellen Sie die Hitze so ein, dass die Flüssigkeit schnell kocht, der Reis aber nicht an der Pfanne kleben bleibt. Nach der Hälfte der Garzeit die Safranmischung sowie Salz und Pfeffer nach Belieben einrühren.

4.So viel Brühe verwenden, bis der Reis weich, aber fest ist. Wenn Sie glauben, dass es fertig ist, probieren Sie ein paar Körner.

Wenn Sie noch nicht bereit sind, versuchen Sie es in einer Minute noch einmal. Wenn die Brühe aufgebraucht ist, bevor der Reis fertig ist, verwenden Sie heißes Wasser. Die Garzeit beträgt 18 bis 20 Minuten.

5. Nehmen Sie die Risottopfanne vom Herd und rühren Sie die restlichen 2 Esslöffel Butter und den Käse unter, bis sie geschmolzen und cremig sind. Sofort servieren.

Spargelrisotto

Risotto mit Spargel

Ergibt 6 Portionen

Die Region Venetien ist für ihren wunderschönen weißen Spargel mit Lavendelspitzen bekannt. Für eine zarte Farbe wird der Spargel während des Wachstums abgedeckt, um Sonnenlicht und Chlorophyllbildung zu verhindern. Weißer Spargel hat einen delikaten Geschmack und ist zarter als grüner Spargel. Weißer Spargel eignet sich hervorragend für dieses Risotto, Sie können aber auch die normale grüne Sorte verwenden und er schmeckt trotzdem hervorragend.

5 Gläser<u>Hühnersuppe</u>

1 Pfund frischer Spargel, gehackt

4 Esslöffel ungesalzene Butter

1 kleine Zwiebel, fein gehackt

2 Tassen mittelgroßer Reis, wie Arborio, Carnaroli oder Vialone Nano

1/2 Tasse trockener Weißwein

Salz und frisch gemahlener schwarzer Pfeffer

³/4 Tasse frisch geriebener Parmigiano-Reggiano

1.Bereiten Sie bei Bedarf die Brühe vor. Die Brühe bei mittlerer Hitze zum Kochen bringen und die Hitze reduzieren, sodass die Brühe lauwarm ist. Die Enden des Spargels abschneiden und beiseite legen. Schneiden Sie die Stiele in 1/2-Zoll-Scheiben.

2.3 Esslöffel Butter in einem breiten, schweren Topf schmelzen. Die Zwiebel dazugeben und bei mittlerer Hitze unter gelegentlichem Rühren ca. 10 Minuten kochen, bis sie weich und goldbraun ist.

3.Die Spargelstangen unterrühren. Unter gelegentlichem Rühren 5 Minuten kochen lassen.

4.Fügen Sie den Reis hinzu und kochen Sie ihn unter Rühren mit einem Holzlöffel etwa 2 Minuten lang, bis er durchgewärmt ist. Den Wein dazugeben und unter ständigem Rühren kochen, bis die Flüssigkeit verdampft ist. Gießen Sie eine halbe Tasse Brühe über den Reis. Unter Rühren kochen, bis die meiste Flüssigkeit aufgesogen ist.

5.Fügen Sie weiterhin jeweils eine halbe Tasse Brühe hinzu und rühren Sie nach jeder Zugabe um. Stellen Sie die Hitze so ein, dass die Flüssigkeit schnell kocht, der Reis aber nicht an der Pfanne kleben bleibt. Nach ca. 10 Minuten die Spargelspitzen unterrühren. Mit Salz und Pfeffer würzen. So viel Brühe verwenden, bis der Reis weich, aber fest und das Risotto cremig ist. Wenn Sie glauben, dass es fertig ist, probieren Sie ein paar Körner. Wenn Sie noch nicht bereit sind, versuchen Sie es in einer Minute noch einmal. Wenn die Brühe aufgebraucht ist, bevor der Reis fertig ist, verwenden Sie heißes Wasser. Die Garzeit beträgt 18 bis 20 Minuten.

6.Nehmen Sie die Risottopfanne vom Herd. Den Käse und den restlichen Esslöffel Butter unterrühren. Der Geschmack von Gewürzen. Sofort servieren.

Risotto mit roten Paprika

Risotto mit Pepperoni Rossi

Ergibt 6 Portionen

Wenn sich in der Hochsaison die leuchtend roten Paprikaschoten im Garten stapeln, bin ich begierig darauf, sie auf vielfältige Weise zu verwerten. Ihr süßer, milder Geschmack und ihre schöne Farbe lassen Tortillas, Pasta, Suppen, Salate und Aufläufe noch besser schmecken. Dies ist kein traditionelles Rezept, aber eines Tages kam ich auf die Idee, als ich nach einer neuen Möglichkeit suchte, rote Paprika zu verwenden. Auch eine gelbe oder orangefarbene Paprika würde in diesem Rezept gut funktionieren.

5 GläserHühnersuppe

3 Esslöffel ungesalzene Butter

1 Esslöffel Olivenöl

1 kleine Zwiebel, fein gehackt

2 rote Paprika, entkernt und fein gehackt

2 Tassen mittelgroßer Reis, wie Arborio, Carnaroli oder Vialone Nano

Salz und frisch gemahlener schwarzer Pfeffer

1/2 Tasse frisch geriebener Parmigiano-Reggiano

1. Bereiten Sie bei Bedarf die Brühe vor. Die Brühe bei mittlerer Hitze zum Kochen bringen und die Hitze reduzieren, sodass die Brühe lauwarm ist. In einem breiten, schweren Topf 2 Esslöffel Butter und Öl bei mittlerer Hitze erhitzen. Wenn die Butter geschmolzen ist, fügen Sie die Zwiebel hinzu und kochen Sie sie unter häufigem Rühren etwa 10 Minuten lang goldbraun. Pfeffer hinzufügen und weitere 10 Minuten kochen lassen.

2. Den Reis hinzufügen und mit einem Holzlöffel etwa 2 Minuten lang umrühren, bis er durchgewärmt ist. 1/2 Tasse heiße Brühe hinzufügen und rühren, bis die Flüssigkeit aufgesogen ist. Fügen Sie weiterhin jeweils eine halbe Tasse Brühe hinzu und rühren Sie nach jeder Zugabe um. Stellen Sie die Hitze so ein, dass die Flüssigkeit schnell kocht, der Reis aber nicht an der Pfanne kleben bleibt. Nach der Hälfte der Garzeit nach Belieben Salz und Pfeffer hinzufügen.

3. So viel Brühe verwenden, bis der Reis weich, aber fest und das Risotto cremig ist. Wenn Sie glauben, dass es fertig ist, probieren Sie ein paar Körner. Wenn Sie noch nicht bereit sind, versuchen Sie es in einer Minute noch einmal. Sollte die Flüssigkeit auslaufen, bevor der Reis gar ist, mit heißem Wasser nachkochen. Die Garzeit beträgt 18 bis 20 Minuten.

4.Nehmen Sie die Risottopfanne vom Herd. Den restlichen
Esslöffel Butter und Käse unterrühren, bis alles geschmolzen
und cremig ist. Der Geschmack von Gewürzen. Sofort servieren.

Risotto mit Tomate und Rucola

Risotto mit Tomaten und Rucola

Ergibt 6 Portionen

Dieses Risotto mit frischen Tomaten, Basilikum und Rucola ist die Essenz des Sommers. Ich serviere ihn gerne mit einem kühlen Weißwein, zum Beispiel Furore aus Kampanien von der Produzentin Matilde Cuomo.

5 GläserHühnersuppe

1 großer Bund Rucola, gewaschen und abgespült

3 Esslöffel Olivenöl

1 kleine Zwiebel, fein gehackt

2 Kilo reife Pflaumentomaten, geschält, entkernt und gehackt

2 Tassen mittelgroßer Reis, wie Arborio, Carnaroli oder Vialone Nano

Salz und frisch gemahlener schwarzer Pfeffer

1/2 Tasse frisch geriebener Parmigiano-Reggiano

2 Esslöffel gehacktes frisches Basilikum

1 Esslöffel natives Olivenöl extra

1. Bereiten Sie bei Bedarf die Brühe vor. Die Brühe bei mittlerer Hitze zum Kochen bringen und die Hitze reduzieren, sodass die Brühe lauwarm ist. Rucolablätter in mundgerechte Stücke zupfen. Sie sollten etwa 2 Tassen haben.

2. Das Öl in eine breite, schwere Pfanne gießen. Fügen Sie die Zwiebel hinzu und kochen Sie sie bei mittlerer Hitze unter gelegentlichem Rühren mit einem Holzlöffel etwa 10 Minuten lang, bis die Zwiebel sehr weich und goldbraun ist.

3. Tomaten unterrühren. Unter gelegentlichem Rühren ca. 10 Minuten kochen, bis der größte Teil des Saftes verdampft ist.

4. Fügen Sie den Reis hinzu und kochen Sie ihn unter Rühren mit einem Holzlöffel etwa 2 Minuten lang, bis er durchgewärmt ist. Gießen Sie eine halbe Tasse Brühe über den Reis. Kochen und rühren, bis der größte Teil der Flüssigkeit aufgesogen ist.

5. Fügen Sie weiterhin jeweils eine halbe Tasse Brühe hinzu und rühren Sie nach jeder Zugabe um. Stellen Sie die Hitze so ein, dass die Flüssigkeit schnell kocht, der Reis aber nicht an der Pfanne kleben bleibt. Nach der Hälfte der Garzeit mit Salz und Pfeffer würzen. So viel Brühe verwenden, bis der Reis weich, aber fest und das Risotto cremig ist. Wenn Sie glauben, dass es fertig ist, probieren Sie ein paar Körner. Wenn Sie noch nicht bereit sind, versuchen Sie es in einer Minute noch einmal. Wenn die Brühe aufgebraucht ist, bevor der Reis gar ist, verwenden Sie heißes Wasser. Die Garzeit beträgt 18 bis 20 Minuten.

6. Nehmen Sie die Risottopfanne vom Herd. Käse, Basilikum und einen Löffel natives Olivenöl extra vermischen. Der Geschmack von Gewürzen. Den Rucola unterrühren und sofort servieren.

Risotto mit Rotwein und Radicchio

Radicchio-Risotto

Ergibt 6 Portionen

Radicchio, ein Mitglied der Chicorée-Familie, wächst in Venetien. Wie die damit verwandte Skorola hat der Rettich einen leicht bitteren, aber süßen Geschmack. Obwohl wir ihn normalerweise als farbenfrohe Ergänzung zu einer Salatschüssel betrachten, kochen Italiener oft Radicchio. Es kann in Stücke geschnitten und gegrillt werden, oder die Blätter können um eine Füllung gewickelt und als Vorspeise gebacken werden. Die tief weinrote Farbe verdunkelt sich beim Kochen zu Mahagonibraun. Ich habe dieses Risotto im Il Cenacolo gegessen, einem Restaurant in Verona mit traditionellen Rezepten.

5 GläserHühnersuppeoderFleischbrühe

1 mittelgroßer Radicchio (ca. 12 Unzen)

2 Esslöffel Olivenöl

2 Esslöffel ungesalzene Butter

1 kleine Zwiebel, fein gehackt

½ Tasse trockener Rotwein

2 Tassen mittelgroßer Reis, wie Arborio, Carnaroli oder Vialone Nano

Salz und frisch gemahlener schwarzer Pfeffer

½ Tasse frisch geriebener Parmigiano-Reggiano

1. Bereiten Sie bei Bedarf die Brühe vor. Die Brühe bei mittlerer Hitze zum Kochen bringen und die Hitze reduzieren, sodass die Brühe lauwarm ist. Den Rettich putzen und in 2,5 cm dicke Scheiben schneiden. Schneiden Sie die Filets in 1-Zoll-Stücke.

2. In einem breiten, schweren Topf das Öl mit 1 Esslöffel Butter bei mittlerer Hitze erhitzen. Wenn die Butter geschmolzen ist, die Zwiebel hinzufügen und unter gelegentlichem Rühren ca. 10 Minuten kochen, bis die Zwiebel sehr weich ist.

3. Erhöhen Sie die Hitze auf mittlere Stufe, rühren Sie den Radicchio ein und kochen Sie ihn etwa 10 Minuten lang, bis er zusammengefallen ist.

4. Den Reis umrühren. Den Wein hinzufügen und unter Rühren kochen, bis der größte Teil der Flüssigkeit aufgesogen ist. Gießen Sie eine halbe Tasse Brühe über den Reis. Kochen und rühren, bis der größte Teil der Flüssigkeit aufgesogen ist.

5.Fügen Sie weiterhin jeweils eine halbe Tasse Brühe hinzu und rühren Sie nach jeder Zugabe um. Stellen Sie die Hitze so ein, dass die Flüssigkeit schnell kocht, der Reis aber nicht an der Pfanne kleben bleibt. Nach der Hälfte der Garzeit mit Salz und Pfeffer würzen. So viel Brühe verwenden, bis der Reis weich, aber fest und das Risotto cremig ist. Wenn Sie glauben, dass es fertig ist, probieren Sie ein paar Körner. Wenn Sie noch nicht bereit sind, versuchen Sie es in einer Minute noch einmal. Wenn die Brühe aufgebraucht ist, bevor der Reis gar ist, verwenden Sie heißes Wasser. Die Garzeit beträgt 18 bis 20 Minuten.

6.Nehmen Sie die Pfanne vom Herd und rühren Sie den restlichen Esslöffel Butter und Käse unter. Der Geschmack von Gewürzen. Sofort servieren.

Risotto mit cremigem Blumenkohl

Risotto al Cavolfiore

Ergibt 6 Portionen

Vielleicht haben Sie in Parma weder eine Vorspeise noch ein Hauptgericht gegessen, aber Sie möchten nie die Gelegenheit verpassen, Risotto oder Pasta zu essen; Sie sind immer unglaublich gut. Dies ist meine Version eines Risottos, das ich vor ein paar Jahren in La Filoma, einer tollen Trattoria, gegessen habe.

Als ich dieses Risotto zum ersten Mal zubereitet habe, hatte ich eine Tube weiße Trüffelpaste zur Hand und habe sie am Ende der Garzeit noch ein wenig umgerührt. Der Geschmack war sensationell. Probieren Sie Trüffelpaste, wenn Sie sie finden können.

4 Gläser<u>Hühnersuppe</u>

4 Tassen Blumenkohl, in 1/2-Zoll-Röschen geschnitten

1 Knoblauchzehe, gehackt

1/2 Tasse Milch

Salzig

4 Esslöffel ungesalzene Butter

¼ Tasse fein gehackte Zwiebel

2 Tassen mittelgroßer Reis, wie Arborio, Carnaroli oder Vialone Nano

Frisch gemahlener schwarzer Pfeffer

¾ Tasse frisch geriebener Parmigiano-Reggiano

1. Bereiten Sie bei Bedarf die Brühe vor. Die Brühe bei mittlerer Hitze zum Kochen bringen und die Hitze reduzieren, sodass die Brühe lauwarm ist. In einem mittelgroßen Topf Blumenkohl, Knoblauch, Milch und eine Prise Salz vermischen. Zum Kochen bringen. Kochen, bis die meiste Flüssigkeit verdampft ist und der Blumenkohl zart ist, etwa 10 Minuten. Halten Sie die Hitze sehr niedrig und rühren Sie die Mischung gelegentlich um, damit sie nicht anbrennt.

2. In einem breiten, schweren Topf das Öl mit 2 Esslöffeln Butter bei mittlerer Hitze erhitzen. Wenn die Butter geschmolzen ist, fügen Sie die Zwiebel hinzu und kochen Sie sie unter gelegentlichem Rühren etwa 10 Minuten lang, bis die Zwiebel sehr weich und goldbraun ist.

3. Fügen Sie den Reis hinzu und kochen Sie ihn unter Rühren mit einem Holzlöffel etwa 2 Minuten lang, bis er durchgewärmt ist.

Etwa 1/2 Tasse Brühe angießen. Kochen und rühren, bis der größte Teil der Flüssigkeit aufgesogen ist.

4.Fügen Sie unter ständigem Rühren jeweils eine halbe Tasse Brühe hinzu, bis sie absorbiert ist. Stellen Sie die Hitze so ein, dass die Flüssigkeit schnell kocht, der Reis aber nicht an der Pfanne kleben bleibt. Nach der Hälfte der Garzeit mit Salz und Pfeffer würzen.

5.Wenn der Reis fast gar ist, die Blumenkohlmischung unterrühren. So viel Brühe verwenden, bis der Reis weich, aber fest und das Risotto cremig ist. Wenn Sie glauben, dass es fertig ist, probieren Sie ein paar Körner. Wenn Sie noch nicht bereit sind, versuchen Sie es in einer Minute noch einmal. Wenn die Brühe aufgebraucht ist, bevor der Reis fertig ist, verwenden Sie heißes Wasser. Die Garzeit beträgt 18 bis 20 Minuten.

6.Die Pfanne vom Herd nehmen und abschmecken. Restliche 2 Esslöffel Butter und Käse unterrühren. Sofort servieren.

Zitronenrisotto

Zitronenrisotto

Ergibt 6 Portionen

Der intensive Geschmack von frischer Zitrone und Saft verleiht diesem Risotto, das ich in Capri gegessen habe, eine besondere Note. Obwohl Italiener es nicht oft machen, serviere ich es gerne als Beilage zu gebratenen Jakobsmuscheln oder gegrilltem Fisch.

5 Gläser<u>Hühnersuppe</u>

4 Esslöffel ungesalzene Butter

1 kleine Zwiebel, fein gehackt

2 Tassen mittelgroßer Reis, wie Arborio, Carnaroli oder Vialone Nano

Salz und frisch gemahlener schwarzer Pfeffer

1 Esslöffel frische Zitrone

1 Esslöffel geriebene Zitrone

1/2 Tasse frisch geriebener Parmigiano-Reggiano

1.Bereiten Sie bei Bedarf die Brühe vor. Die Brühe bei mittlerer Hitze zum Kochen bringen und die Hitze reduzieren, sodass die

Brühe lauwarm ist. In einem breiten, schweren Topf 2 Esslöffel Butter bei mittlerer Hitze schmelzen. Fügen Sie die Zwiebel hinzu und kochen Sie sie unter häufigem Rühren etwa 10 Minuten lang goldbraun.

2.Den Reis hinzufügen und mit einem Holzlöffel etwa 2 Minuten lang umrühren, bis er durchgewärmt ist. 1/2 Tasse heiße Brühe hinzufügen und rühren, bis die Flüssigkeit aufgesogen ist.

3.Fügen Sie weiterhin jeweils eine halbe Tasse Brühe hinzu und rühren Sie nach jeder Zugabe um. Stellen Sie die Hitze so ein, dass die Flüssigkeit schnell kocht, der Reis aber nicht an der Pfanne kleben bleibt. Etwa nach der Hälfte der Garzeit mit Salz und Pfeffer würzen.

4.So viel Brühe verwenden, bis der Reis weich, aber fest und das Risotto cremig ist. Wenn Sie glauben, dass es fertig ist, probieren Sie ein paar Körner. Wenn Sie noch nicht bereit sind, versuchen Sie es in einer Minute noch einmal. Wenn die Brühe aufgebraucht ist, bevor der Reis gar ist, verwenden Sie heißes Wasser. Die Garzeit beträgt 18 bis 20 Minuten.

5.Nehmen Sie die Risottopfanne vom Herd. Zitronensaft und - schale sowie die restlichen 2 Esslöffel Butter und Käse hinzufügen. Butter und Käse unterrühren, bis sie geschmolzen

und cremig sind. Der Geschmack von Gewürzen. Sofort
servieren.

Spinatrisotto

Risotto mit Spinat

Ergibt 6 Portionen

Wenn Sie frischen Basilikum haben, fügen Sie diesen anstelle der Petersilie hinzu. Anstelle von Spinat kann auch anderes Gemüse wie Mangold oder Endivie verwendet werden.

5 GläserHühnersuppe

1 Pfund frischer Spinat, gewaschen und von den Stielen befreit

¼ Glas Wasser

Salzig

4 Esslöffel ungesalzene Butter

1 mittelgroße Zwiebel, fein gehackt

2 Tassen (1 Pfund) mittelgroßer Reis, wie Arborio, Carnaroli oder Vialone Nano

Frisch gemahlener schwarzer Pfeffer

¼ Tasse gehackte frische glatte Petersilie

½ Tasse frisch geriebener Parmigiano-Reggiano

1. Bereiten Sie bei Bedarf die Brühe vor. Die Brühe bei mittlerer Hitze zum Kochen bringen und die Hitze reduzieren, sodass die Brühe lauwarm ist. In einem großen Topf Spinat, Wasser und Salz nach Geschmack vermischen. Abdecken und zum Kochen bringen. Den Spinat ca. 3 Minuten kochen, bis er zusammenfällt. Lassen Sie den Spinat abtropfen und drücken Sie ihn vorsichtig aus, um den Saft zu extrahieren. Den Spinat fein hacken.

2. In einem breiten, schweren Topf 3 Esslöffel Butter bei mittlerer Hitze erhitzen. Wenn die Butter geschmolzen ist, fügen Sie die Zwiebel hinzu und kochen Sie sie unter häufigem Rühren etwa 10 Minuten lang goldbraun.

3. Den Reis zur Zwiebel geben und unter Rühren mit einem Holzlöffel ca. 2 Minuten kochen, bis er durchgeheizt ist. 1/2 Tasse heiße Brühe hinzufügen und rühren, bis die Flüssigkeit aufgesogen ist. Fügen Sie weiterhin jeweils eine halbe Tasse Brühe hinzu und rühren Sie nach jeder Zugabe um. Stellen Sie die Hitze so ein, dass die Flüssigkeit schnell kocht, der Reis aber nicht an der Pfanne kleben bleibt. Spinat unterrühren und nach der Hälfte der Garzeit mit Salz und Pfeffer abschmecken.

4. So viel Brühe verwenden, bis der Reis weich, aber fest und das Risotto cremig ist. Wenn Sie glauben, dass es fertig ist, probieren Sie ein paar Körner. Wenn Sie noch nicht bereit sind, versuchen Sie es in einer Minute noch einmal. Wenn die Brühe aufgebraucht ist, bevor der Reis gar ist, verwenden Sie heißes Wasser. Die Garzeit beträgt 18 bis 20 Minuten.

5. Nehmen Sie die Risottopfanne vom Herd. Restliche Butter und Käse unterrühren. Sofort servieren.

Risotto mit goldenem Kürbis

Risotto mit Zucca d'Oro

Ergibt 4 bis 6 Portionen

Auf italienischen Gemüsemärkten können Köche Stücke von großen Winterkürbissen kaufen, die sie für Risotto verwenden können. Butternusskürbis kommt dem süßen Geschmack und der butterartigen Konsistenz italienischer Sorten nahe. Dieses Risotto ist eine Spezialität aus Mantua in der Lombardei.

5 GläserHühnersuppe

4 Esslöffel ungesalzene Butter

1/4 Tasse fein gehackte Schalotte oder Zwiebel

2 Tassen geschälter und gehackter Kürbis (ca. 1 Pfund)

2 Tassen mittelgroßer Reis, wie Arborio, Carnaroli oder Vialone Nano

1/2 Tasse trockener Weißwein

Salz und frisch gemahlener schwarzer Pfeffer

1/2 Tasse frisch geriebener Parmigiano-Reggiano

1. Bereiten Sie bei Bedarf die Brühe vor. Die Brühe bei mittlerer Hitze zum Kochen bringen und die Hitze reduzieren, sodass die Brühe lauwarm ist. In einem breiten, schweren Topf drei Esslöffel Butter bei mittlerer Hitze schmelzen. Schalotten dazugeben und unter häufigem Rühren ca. 5 Minuten goldbraun braten.

2. Kürbis und 1/2 Tasse Brühe hinzufügen. Kochen, bis die Brühe verdampft ist.

3. Fügen Sie den Reis hinzu und kochen Sie ihn unter Rühren mit einem Holzlöffel etwa 2 Minuten lang, bis er durchgewärmt ist. Rühren, bis der Wein verdunstet ist.

4. 1/2 Tasse heiße Brühe hinzufügen und rühren, bis die Flüssigkeit aufgesogen ist. Fügen Sie weiterhin jeweils eine halbe Tasse Brühe hinzu und rühren Sie nach jeder Zugabe um. Stellen Sie die Hitze so ein, dass die Flüssigkeit schnell kocht, der Reis aber nicht an der Pfanne kleben bleibt. Nach der Hälfte der Garzeit mit Salz und Pfeffer abschmecken.

5. So viel Brühe verwenden, bis der Reis weich, aber fest und das Risotto cremig ist. Wenn Sie glauben, dass es fertig ist, probieren Sie ein paar Körner. Wenn Sie noch nicht bereit sind, versuchen Sie es in einer Minute noch einmal. Wenn die Brühe

aufgebraucht ist, bevor der Reis gar ist, verwenden Sie heißes
Wasser. Die Garzeit beträgt 18 bis 20 Minuten.

6.Nehmen Sie die Risottopfanne vom Herd. Restliche Butter und
Käse unterrühren. Sofort servieren.

Venezianisches Risotto mit Erbsen

Risi E Bisi

Ergibt 6 Portionen

In Venedig wird dieses Risotto gegessen, um den Beginn des Frühlings und das erste frische Gemüse der Saison zu feiern. Venezianer bevorzugen ihr Risotto ganz weich, also fügen Sie etwa einen zusätzlichen Esslöffel Wasser zum fertigen Risotto hinzu, wenn Sie auf Authentizität Wert legen.

6 TassenHühnersuppe

1 mittelgelbe Zwiebel, fein gehackt

4 Esslöffel Olivenöl

2 Tassen mittelgroßer Reis, wie Arborio, Carnaroli oder Vialone Nano

Salz und frisch gemahlener schwarzer Pfeffer

2 Tassen zarte Erbsen oder gefrorene Erbsen, teilweise aufgetaut

2 Esslöffel fein gehackte glatte Petersilie

½ Tasse frisch geriebener Parmigiano-Reggiano

2 Esslöffel ungesalzene Butter

1. Bereiten Sie bei Bedarf die Brühe vor. Die Brühe bei mittlerer Hitze zum Kochen bringen und die Hitze reduzieren, sodass die Brühe lauwarm ist. Das Öl in eine breite, schwere Pfanne gießen. Fügen Sie die Zwiebel hinzu und kochen Sie sie bei mittlerer Hitze etwa 10 Minuten lang, bis die Zwiebel weich und goldbraun ist.

2. Fügen Sie den Reis hinzu und kochen Sie ihn unter Rühren mit einem Holzlöffel etwa 2 Minuten lang, bis er durchgewärmt ist. Fügen Sie 1/2 Tasse heiße Brühe hinzu und rühren Sie, bis sie absorbiert ist. Fügen Sie weiterhin jeweils eine halbe Tasse Brühe hinzu und rühren Sie nach jeder Zugabe um. Stellen Sie die Hitze so ein, dass die Flüssigkeit schnell kocht, der Reis aber nicht an der Pfanne kleben bleibt. Nach der Hälfte der Garzeit mit Salz und Pfeffer abschmecken.

3. Erbsen und Petersilie hinzufügen. Weiter Flüssigkeit hinzufügen und umrühren. Der Reis sollte weich und fest sein und das Risotto sollte eine lockere und leicht geschmeidige Konsistenz haben. Verwenden Sie heißes Wasser, wenn der Vorrat aufgebraucht ist. Die Garzeit beträgt 18 bis 20 Minuten.

4. Wenn der Reis weich, aber fest ist, nehmen Sie die Pfanne vom Herd. Käse und Butter hinzufügen und gut vermischen. Sofort servieren.

Frühlings-Risotto

Risotto Primavera

Ergibt 4 bis 6 Portionen

Kleine bunte Gemüsestücke stehen im Mittelpunkt dieses hellen und aromatischen Risottos. Das Gemüse wird nach und nach hinzugefügt, damit es nicht verkocht.

6 Tassen Gemüsebrühe oder Wasser

3 Esslöffel ungesalzene Butter

1 Esslöffel Olivenöl

1 mittelgroße Zwiebel, fein gehackt

1 kleine Karotte, gehackt

1 kleiner zarter Sellerie, fein gehackt

2 Tassen mittelgroßer Reis, wie Arborio, Carnaroli oder Vialone Nano

1/2 Tasse frische oder gefrorene Erbsen

1 Tasse geschnittene Pilze, beliebige Sorte

6 Spargel, gewaschen und in 2,5 cm große Stücke geschnitten

Salz und frisch gemahlener schwarzer Pfeffer

1 große Tomate, entkernt und in Scheiben geschnitten

2 Esslöffel fein gehackte vierblättrige frische Petersilie

1/2 Tasse frisch geriebener Parmigiano-Reggiano

1. Bereiten Sie bei Bedarf die Brühe vor. Die Brühe bei mittlerer Hitze zum Kochen bringen und die Hitze reduzieren, sodass die Brühe lauwarm ist. In einem breiten, schweren Topf 2 Esslöffel Butter und Öl bei mittlerer Hitze vermischen. Wenn die Butter geschmolzen ist, die Zwiebel dazugeben und etwa 10 Minuten goldbraun braten.

2. Karotte und Sellerie hinzufügen und 2 Minuten kochen lassen. Rühren, bis der Reis gut bedeckt ist.

3. 1/2 Tasse Brühe hinzufügen und unter ständigem Rühren mit einem Holzlöffel kochen, bis die Flüssigkeit aufgesogen ist. Fügen Sie weiterhin jeweils eine halbe Tasse Brühe hinzu und rühren Sie nach jeder Zugabe 10 Minuten lang um. Stellen Sie die Hitze so ein, dass die Flüssigkeit schnell kocht, der Reis aber nicht an der Pfanne kleben bleibt.

4. Erbsen, Pilze und die Hälfte des Spargels unterrühren. Mit Salz und Pfeffer abschmecken. Weiter Brühe hinzufügen und weitere

10 Minuten rühren. Restlichen Spargel und Tomate unterrühren. Die Brühe hinzufügen und rühren, bis der Reis fest, aber zart und das Risotto cremig ist. Wenn Sie glauben, dass es fertig ist, probieren Sie ein paar Körner. Wenn Sie noch nicht bereit sind, versuchen Sie es in einer Minute noch einmal.

5.Nehmen Sie die Risottopfanne vom Herd. Der Geschmack von Gewürzen. Petersilie und restliche Butter unterrühren. Käse unterrühren. Sofort servieren.

Risotto mit Tomate und Fontina

Risotto mit Pomodori und Fontina

Ergibt 6 Portionen

Authentisches Fontina Valle d'Aosta hat im Gegensatz zu andernorts hergestelltem Fontina einen unverwechselbaren nussigen, fruchtigen und erdigen Geschmack. Dieses Risotto aus Nordwestitalien ist einen Besuch wert. Dieses Gericht passt gut zu einem blumigen Weißwein wie Arneis aus der Region Piemont.

5 Gläser<u>Hühnersuppe</u>

3 Esslöffel ungesalzene Butter

1 mittelgroße Zwiebel, fein gehackt

1 Tasse geschälte, entkernte und gehackte Tomaten

2 Tassen mittelgroßer Reis, wie Arborio, Carnaroli oder Vialone Nano

1/2 Tasse trockener Weißwein

Salz und frisch gemahlener schwarzer Pfeffer

4 Unzen Fontina Valle d'Aosta, gerieben

1/2 Tasse frisch geriebener Parmigiano-Reggiano

1. Bereiten Sie bei Bedarf die Brühe vor. Die Brühe bei mittlerer Hitze zum Kochen bringen und die Hitze reduzieren, sodass die Brühe lauwarm ist. Die Butter in einem breiten, schweren Topf bei mittlerer Hitze schmelzen. Fügen Sie die Zwiebel hinzu und kochen Sie sie unter gelegentlichem Rühren etwa 10 Minuten lang, bis die Zwiebel weich und goldbraun ist.

2. Tomaten unterrühren. Kochen, bis der größte Teil der Flüssigkeit verdampft ist, etwa 10 Minuten.

3. Fügen Sie den Reis hinzu und kochen Sie ihn unter Rühren mit einem Holzlöffel etwa 2 Minuten lang, bis er durchgewärmt ist. Wein und 1/2 Tasse Brühe über den Reis gießen. Kochen und rühren, bis der größte Teil der Flüssigkeit aufgesogen ist.

4. Fügen Sie weiterhin jeweils eine halbe Tasse Brühe hinzu und rühren Sie nach jeder Zugabe um. Stellen Sie die Hitze so ein, dass die Flüssigkeit schnell kocht, der Reis aber nicht an der Pfanne kleben bleibt. Nach der Hälfte der Garzeit mit Salz und Pfeffer würzen.

5. So viel Brühe verwenden, bis der Reis weich, aber fest und das Risotto cremig ist. Wenn Sie glauben, dass es fertig ist, probieren Sie ein paar Körner. Wenn Sie noch nicht bereit sind, versuchen Sie es in einer Minute noch einmal. Wenn die Brühe

aufgebraucht ist, bevor der Reis fertig ist, verwenden Sie heißes Wasser. Die Garzeit beträgt zwischen 18 und 20 Minuten.

6.Nehmen Sie die Risottopfanne vom Herd. Den Käse mischen. Der Geschmack von Gewürzen. Sofort servieren.

Garnelen-Sellerie-Risotto

Risotto mit Gamberi und Sedano

Ergibt 6 Portionen

Viele italienische Rezepte enthalten Soffritto, Öl oder Butter oder manchmal beides sowie aromatisches Gemüse wie Zwiebeln, Sellerie, Karotten, Knoblauch und manchmal Gewürze. Manchmal wird gesalzenes Schweinefleisch oder Pancetta hinzugefügt, um einem Soffritto einen fleischigen Geschmack zu verleihen.

Wie die meisten italienischen Köche, die ich kenne, füge ich die Soffritto-Zutaten lieber auf einmal hinzu und schalte dann den Herd ein, damit alles langsam erhitzt und gekocht wird, damit ich das Ergebnis besser kontrollieren kann. Ich rühre den Soffritto oft um und koche das Gemüse manchmal, bis es welk ist, um einen milderen Geschmack zu erhalten, oder bis es goldbraun ist, um mehr Tiefe zu erhalten. Wenn Sie hingegen zuerst das Öl oder die Butter erhitzen, kann das Fett heiß werden, wenn die Pfanne dünn ist, die Hitze etwas zu hoch ist oder Sie etwas abgelenkt werden. Wenn dann die anderen Soffritto-Aromen hinzugefügt werden, bräunen sie zu schnell und ungleichmäßig.

Der Soffritto dieses Rezepts aus der Emilia-Romagna wird in zwei Schritten hergestellt. Es beginnt nur mit Olivenöl und Zwiebeln, weil ich möchte, dass die Zwiebeln dem Öl Geschmack verleihen und in den Hintergrund treten. Der zweite Schritt besteht darin, Sellerie, Petersilie und Knoblauch so zu kochen, dass der Sellerie etwas knackig bleibt, aber dennoch seinen Geschmack freisetzt und mit der Petersilie und dem Knoblauch eine neue Geschmacksschicht bildet.

Wenn Sie Garnelen in der Schale kaufen, bewahren Sie die Schalen auf, um eine köstliche Garnelenbrühe zuzubereiten. Wenn Sie es eilig haben, können Sie geschälte Garnelen kaufen und Hühner- oder Fischbrühe oder sogar Wasser verwenden.

6 selbstgemachte Gläser<u>Hühnersuppe</u>oder im Laden gekaufte Fischbrühe

1 Pfund mittelgroße Garnelen

1 kleine Zwiebel, fein gehackt

2 Esslöffel Olivenöl

1 Tasse gehackter Sellerie

2 Knoblauchzehen, fein gehackt

2 Esslöffel gehackte frische Petersilie

2 Tassen mittelgroßer Reis, wie Arborio, Carnaroli oder Vialone Nano

Salz und frisch gemahlener schwarzer Pfeffer nach Geschmack

1 Esslöffel ungesalzene Butter oder natives Olivenöl extra

1. Bereiten Sie bei Bedarf die Brühe vor. Als nächstes die Garnelen schälen und waschen, dabei die Schalen aufbewahren. Die Garnelen in 1/2 cm große Stücke schneiden und beiseite stellen. Die Muscheln mit der Brühe in einen großen Topf geben. Zum Kochen bringen und 10 Minuten kochen lassen. Die Brühe abseihen und die Schalen wegwerfen. Geben Sie die Brühe zurück in die Pfanne und lassen Sie sie bei sehr schwacher Hitze köcheln.

2. In einem breiten, schweren Topf die Zwiebel im Öl bei mittlerer Hitze unter häufigem Rühren etwa 5 Minuten anbraten. Sellerie, Knoblauch und Petersilie einrühren und weitere 5 Minuten kochen lassen.

3. Den Reis zum Gemüse geben und gut vermischen. 1/2 Tasse Brühe hinzufügen und unter Rühren kochen, bis die Flüssigkeit aufgesogen ist. Fügen Sie weiterhin jeweils eine halbe Tasse Brühe hinzu und rühren Sie nach jeder Zugabe um. Stellen Sie die Hitze so ein, dass die Flüssigkeit schnell kocht, der Reis aber nicht an der Pfanne kleben bleibt.

4. Wenn der Reis fast gar ist, die Garnelen sowie Salz und Pfeffer untermischen. So viel Brühe verwenden, bis der Reis weich, aber fest und das Risotto saftig und cremig ist. Wenn Sie glauben, dass es fertig ist, probieren Sie ein paar Körner. Wenn Sie noch nicht bereit sind, versuchen Sie es in einer Minute noch einmal. Wenn die Brühe aufgebraucht ist, bevor der Reis fertig ist, verwenden Sie heißes Wasser. Die Garzeit beträgt zwischen 18 und 20 Minuten.

5. Das Risotto vom Herd nehmen. Butter oder Öl hinzufügen und verrühren, bis alles gut vermischt ist. Sofort servieren.

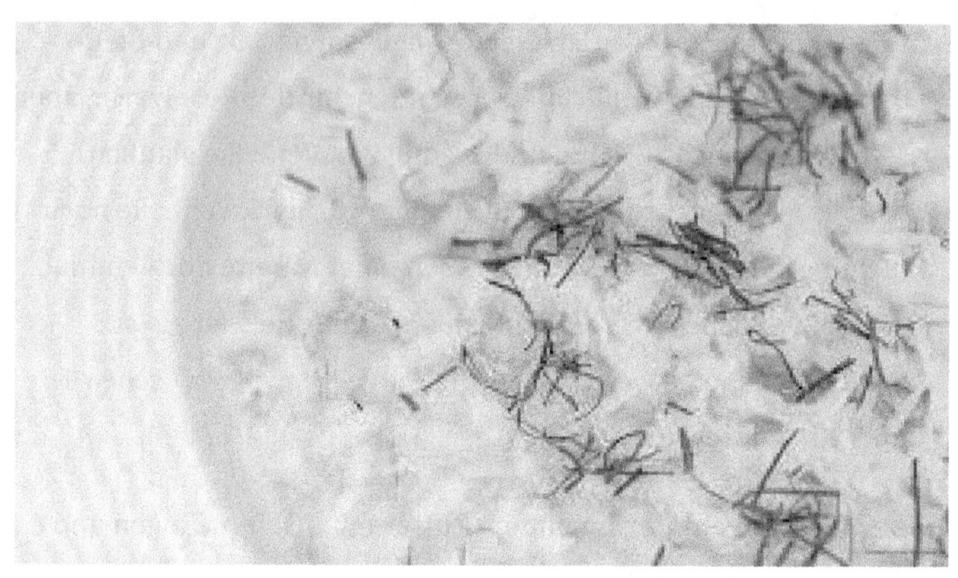

Risotto „mit Meeresfrüchten"

Risotto mit Frutti di Mare

Ergibt 4 bis 6 Portionen

Sie können diesem Risotto kleine Muscheln oder Muscheln oder feste Fischstücke wie Thunfisch hinzufügen. Die Köche aus Venetien, wo dieses Rezept herkommt, bevorzugen Vialone Nano-Reis.

6 TassenHühnersuppeoder Wasser

6 Esslöffel Olivenöl

2 Esslöffel gehackte frische Petersilie

2 große Knoblauchzehen, gehackt

¹⁄2 Pfund Calamari (Tintenfisch), in 1/2-Zoll-Ringe geschnitten und die Tentakel an der Basis halbiert (sieheCalamari (Tintenfische) reinigen.)

¹⁄4 Pfund Garnelen, geschält, gewaschen und in 1-Zoll-Stücke geschnitten

¹⁄4 Pfund Jakobsmuscheln, in 1/2-Zoll-Stücke geschnitten

Salzig

Eine Prise gemahlener roter Pfeffer

1 mittelgroße Zwiebel, fein gehackt

2 Tassen mittelgroßer Reis, wie Arborio, Carnaroli oder Vialone Nano

1/2 Tasse trockener Weißwein

1 Tasse geschälte, entkernte und gehackte Tomaten

1.Bereiten Sie bei Bedarf die Brühe vor. 3 Esslöffel Knoblauchöl und Petersilie in eine breite, schwere Pfanne geben. Bei mittlerer Hitze unter gelegentlichem Rühren ca. 2 Minuten kochen, bis der Knoblauch weich und goldbraun ist. Fügen Sie alle Meeresfrüchte, Salz nach Geschmack und roten Pfeffer hinzu und kochen Sie unter Rühren etwa 5 Minuten lang, bis die Calamari undurchsichtig sind.

2.Die Meeresfrüchte mit einem Schaumlöffel auf einen Teller geben. Die Hühnerbrühe in die Pfanne geben und zum Kochen bringen. Halten Sie die Brühe auf sehr niedriger Hitze, während Sie das Risotto zubereiten.

3.In einem schweren, breiten Topf bei mittlerer Hitze die Zwiebel in den restlichen 3 Esslöffeln Öl etwa 10 Minuten lang goldbraun braten.

4.Fügen Sie den Reis hinzu und kochen Sie ihn unter Rühren mit einem Holzlöffel etwa 2 Minuten lang, bis er durchgewärmt ist.

Den Wein einrühren. Kochen, bis die meiste Flüssigkeit aufgesogen ist. 1/2 Tasse heiße Brühe hinzufügen und rühren, bis die Flüssigkeit aufgesogen ist. Fügen Sie weiterhin jeweils eine halbe Tasse Brühe hinzu und rühren Sie nach jeder Zugabe um. Stellen Sie die Hitze so ein, dass die Flüssigkeit schnell kocht, der Reis aber nicht an der Pfanne kleben bleibt. Für die Hälfte der Zubereitung die Tomate und das Salz nach Geschmack einrühren.

5. So viel Brühe verwenden, bis der Reis weich, aber fest und das Risotto cremig ist. Wenn Sie glauben, dass es fertig ist, probieren Sie ein paar Körner. Wenn Sie noch nicht bereit sind, versuchen Sie es in einer Minute noch einmal. Wenn die Brühe aufgebraucht ist, bevor der Reis fertig ist, verwenden Sie heißes Wasser. Die Garzeit beträgt zwischen 18 und 20 Minuten.

6. Die Meeresfrüchte in die Pfanne geben und noch 1 Minute kochen lassen. Nehmen Sie die Risottopfanne vom Herd. Sofort servieren.

Risotto „Meer und Berge"

Risotto Maremonti

Ergibt 6 Portionen

Wenn Sie den Begriff Maremonti auf einer italienischen Speisekarte sehen, ist es sicher, dass das Gericht Meeresfrüchte und Pilze enthält, die das Meer und die Berge symbolisieren. Es ist eine interessante Kombination in diesem Risotto.

6 Tassen Gemüsebrühe oder im Laden gekauftes Wasser

3 Esslöffel ungesalzene Butter

1/4 Tasse gehackte Schalotten

10 Unzen Cremini oder weiße Champignons, in dünne Scheiben geschnitten

Salz und frisch gemahlener schwarzer Pfeffer

2 Tassen mittelgroßer Reis, wie Arborio, Carnaroli oder Vialone Nano

12 Unzen geschälte und gereinigte Garnelen, in 1/2-Zoll-Stücke geschnitten

1/2 Tasse frisch geriebener Parmigiano-Reggiano

1. Bringen Sie die Brühe in einem großen Topf bei mittlerer Hitze zum Kochen und reduzieren Sie dann die Hitze, um die Brühe warm zu halten. In einem breiten, schweren Topf 2 Esslöffel Butter bei mittlerer Hitze schmelzen. Pilze und Champignons hinzufügen. Unter häufigem Rühren ca. 10 Minuten kochen, bis der Saft verdunstet ist und die Pilze anfangen zu bräunen. Mit Salz und Pfeffer abschmecken.

2. Fügen Sie den Reis hinzu und kochen Sie ihn unter Rühren mit einem Holzlöffel etwa 2 Minuten lang, bis er durchgewärmt ist. 1/2 Tasse heiße Brühe hinzufügen und rühren, bis die Flüssigkeit aufgesogen ist. Fügen Sie weiterhin jeweils eine halbe Tasse Brühe hinzu und rühren Sie nach jeder Zugabe um. Stellen Sie die Hitze so ein, dass die Flüssigkeit schnell kocht, der Reis aber nicht an der Pfanne kleben bleibt. Nach der Hälfte der Garzeit die Garnelen mit Salz und Pfeffer vermischen und abschmecken.

3. So viel Brühe verwenden, bis der Reis weich, aber fest und das Risotto cremig ist. Wenn Sie glauben, dass es fertig ist, probieren Sie ein paar Körner. Wenn Sie noch nicht bereit sind, versuchen Sie es in einer Minute noch einmal. Wenn die Brühe aufgebraucht ist, bevor der Reis fertig ist, verwenden Sie heißes Wasser. Die Garzeit beträgt zwischen 18 und 20 Minuten.

4.Nehmen Sie die Risottopfanne vom Herd. Den restlichen 1 Esslöffel Butter unterrühren. Den Käse unterrühren und sofort servieren.

Schwarzes Risotto

Risotto alle Seppie

Ergibt 4 bis 6 Portionen

In Venedig verleihen Tintenfisch (Tintenfisch) oder Tintenfischtinte diesem Risotto traditionell seine kaviarartige schwarze Farbe. Bei den meisten Meeresfrüchten in den Vereinigten Staaten wird der Tintenbeutel vor dem Kauf entfernt, Sie können jedoch in den meisten Fischgeschäften Tintenfischtinte in kleinen Plastikumschlägen kaufen. Die Calamari und die Tinte sind so aromatisch, dass ich dieses Risotto mit Wasser statt mit Brühe zubereite, dem salzigen Geschmack steht nichts im Wege.

6 Gläser Wasser

4 Esslöffel Olivenöl

1 mittelgroße Zwiebel, fein gehackt

1 Knoblauchzehe, gehackt

12 Unzen Calamari (Tintenfisch), halbiert in 1/2-Zoll-Ringe und Tentakel an der Basis (sieheCalamari (Tintenfische) reinigen.)

Salz und frisch gemahlener schwarzer Pfeffer

1 Glas trockener Weißwein

2 Tassen mittelgroßer Reis, wie Arborio, Carnaroli oder Vialone Nano

1 bis 2 Esslöffel Tintenfisch oder Tintenfischtinte (optional)

1 bis 2 Esslöffel natives Olivenöl extra

1. Bringen Sie das Wasser in einem mittelgroßen Topf bei mittlerer Hitze zum Kochen und reduzieren Sie dann die Hitze, sodass das Wasser lauwarm ist.

2. 4 Esslöffel Öl in eine breite, schwere Pfanne geben. Die Zwiebel dazugeben und bei mittlerer Hitze unter häufigem Rühren ca. 10 Minuten kochen, bis sie weich und goldbraun ist. Fügen Sie die Calamari und Salz und Pfeffer hinzu, um zu schmecken. Decken Sie die Pfanne ab und kochen Sie sie 10 Minuten lang. Den Wein hinzufügen und noch 1 Minute kochen lassen.

3. Fügen Sie den Reis hinzu und kochen Sie ihn unter Rühren mit einem Holzlöffel etwa 2 Minuten lang, bis er durchgewärmt ist. 1/2 Tasse heißes Wasser hinzufügen und rühren, bis die Flüssigkeit aufgesogen ist. Fügen Sie weiterhin jeweils eine halbe Tasse Wasser hinzu und mischen Sie nach jeder Zugabe. Stellen Sie die Hitze so ein, dass die Flüssigkeit schnell kocht, der Reis aber nicht an der Pfanne kleben bleibt. Nach der Hälfte der

Garzeit Tintenfischtinte (falls verwendet) unterrühren und mit Salz abschmecken.

4.So viel Wasser verwenden, bis der Reis weich, aber fest und das Risotto cremig ist. Wenn Sie glauben, dass es fertig ist, probieren Sie ein paar Körner. Wenn Sie noch nicht bereit sind, versuchen Sie es in einer Minute noch einmal. Die Garzeit beträgt zwischen 18 und 20 Minuten.

5.Nehmen Sie die Risottopfanne vom Herd. Das Öl einrühren, bis es vermischt ist. Sofort servieren.

Knuspriger Risotto-Pfannkuchen

Salto-Risotto

Ergibt 2 bis 4 Portionen

Dieser goldene Risotto-Pfannkuchen ist außen knusprig und innen cremig. In Mailand heißt der Crêpe Risotto al Salto, was „Risotto-Sprung" bedeutet, weil er in heißer Butter gegart wird und dadurch aussieht, als käme er aus der Pfanne. Obwohl die Mailänder dazu neigen, Crêpes aus dem Sand zuzubereiten_Safranrisotto nach Mailänder Art_Ich verwende dafür alle Arten von Risottos und manchmal mache ich sie auch selbst.

Sie können den Crêpe auf viele Arten servieren: pur, mit Tomatensauce und Käse bestreut oder als Basis für einen Eintopf. Sie können es in Stücke schneiden, als Beilage zu einem Salat oder als Vorspeise. Sie können auch kleine Pfannkuchen in der Größe von Silberdollars für einzelne Vorspeisen oder Snacks zubereiten.

2 Tassen kaltes übriggebliebenes Risotto

1 großes Ei, geschlagen

2 Esslöffel ungesalzene Butter

1.In einer mittelgroßen Schüssel Risotto und Ei gut vermischen.

2.In einer mittelgroßen beschichteten Pfanne bei mittlerer Hitze 1 Esslöffel Butter schmelzen. Risotto dazugeben und mit einem Löffel flach drücken. Auf dem Boden ca. 5 Minuten knusprig und goldbraun backen.

3.Den Pfannkuchen auf einen Teller stürzen. Die restliche Butter schmelzen und den Pfannkuchen zurück in die Pfanne schieben. Mit der Rückseite des Löffels gut flach drücken. Weitere 4 bis 5 Minuten braten, bis es braun ist.

4.Den Pfannkuchen auf einen Teller schieben. In Stücke schneiden und heiß servieren.

EXTRA DESSERTREZEPTE

Mandarine Granita

Mandarinen-Granita

Ergibt 4 Portionen

Der Süden Italiens ist reich an Zitrusfrüchten aller Art. Ich habe diese Granita in Taranto in Apulien gegessen. Auf diese Weise lassen sich Mandarinen, Tangelo, Clementinen oder Mandarinensaft zubereiten.

Versuchen Sie nicht, dieser Mischung noch mehr Alkohol hinzuzufügen, da der Alkohol sonst das Gefrieren verhindern könnte.

1 Tasse gekühltEinfacher Syrup

1 Tasse frischer Mandarinensaft (von 4 mittelgroßen Mandarinen)

1 Teelöffel frisch geriebene geschälte Mandarine

2 Esslöffel Mandarinen- oder Orangenlikör

1.Bereiten Sie bei Bedarf den einfachen Sirup vor und lassen Sie ihn abkühlen. Stellen Sie dann eine 13×9×2 Zoll große Metallpfanne in den Gefrierschrank.

2.In einer großen Schüssel Saft, Schale, Sirup und Likör verrühren, bis alles gut vermischt ist. Nehmen Sie die gekühlte Pfanne aus dem Gefrierschrank und gießen Sie die Flüssigkeit in die Pfanne.

3.Stellen Sie die Pfanne für 30 Minuten in den Gefrierschrank oder bis sich an den Rändern ein Rand aus 2,5 cm großen Eiskristallen bildet. Rühren Sie die Eiskristalle in die Mitte der Mischung. Stellen Sie die Pfanne wieder in den Gefrierschrank und gefrieren Sie unter Rühren alle 30 Minuten weiter, bis die gesamte Flüssigkeit gefroren ist, etwa 2 bis 2 1/2 Stunden. Sofort servieren oder die Mischung in einen Plastikbehälter geben, abdecken und 24 Stunden im Kühlschrank lagern.

4.Bei Bedarf etwa 15 Minuten vor dem Servieren aus dem Gefrierschrank nehmen, damit es weich wird.

Erdbeerwein Granita

Granita di Fragola al Vino

Ergibt 6 bis 8 Portionen

Das schmeckt köstlich mit frischen reifen Erdbeeren, aber in dieser Granita schmecken Erdbeeren immer noch hervorragend.

2 Pints Erdbeeren, gewaschen und geschält

1/2 Tasse Zucker oder nach Geschmack

1 Glas trockener Weißwein

2 bis 3 Esslöffel frischer Zitronensaft

1.Stellen Sie eine 13 x 9 x 2 Zoll große Pfanne zum Abkühlen in den Gefrierschrank. Die Erdbeeren halbieren oder, wenn sie groß sind, vierteln. Erdbeeren, Zucker und Wein in einem großen Topf vermischen. Zum Kochen bringen und unter gelegentlichem Rühren 5 Minuten kochen lassen, bis sich der Zucker aufgelöst hat. Vom Herd nehmen und abkühlen lassen. Bis zum Abkühlen im Kühlschrank lagern, mindestens 1 Stunde.

2. Geben Sie die Mischung in eine Küchenmaschine oder einen Mixer. Pürieren, bis eine glatte Masse entsteht. Nach Geschmack Zitronensaft unterrühren.

3. Nehmen Sie die gekühlte Pfanne aus dem Gefrierschrank und gießen Sie die Mischung in die Pfanne. Stellen Sie die Pfanne für 30 Minuten in den Gefrierschrank oder bis sich an den Rändern ein Rand aus 2,5 cm großen Eiskristallen bildet. Rühren Sie die Eiskristalle in die Mitte der Mischung. Stellen Sie die Pfanne wieder in den Gefrierschrank und gefrieren Sie unter Rühren alle 30 Minuten weiter, bis die gesamte Flüssigkeit gefroren ist, etwa 2 bis 2 1/2 Stunden. Sofort servieren oder die Mischung in einen Plastikbehälter geben, abdecken und 24 Stunden im Kühlschrank lagern.

4. Bei Bedarf etwa 15 Minuten vor dem Servieren aus dem Gefrierschrank nehmen, damit es weich wird.

Kaffee Granita

Granita di Caffe

Ergibt 8 Portionen

Das Caffè Tazza d'Oro in der Nähe des Pantheon in Rom bietet den besten Kaffee der Stadt. Im Sommer wechseln Touristen und Einheimische zu ihrer Granita di Caffè, Espressokaffee-Eis am Stiel, serviert mit oder ohne frischer Schlagsahne. Es ist einfach zuzubereiten und erfrischend nach einem Sommeressen.

4 Gläser Wasser

5 gehäufte Esslöffel Instant-Espressopulver

2 bis 4 Esslöffel Zucker

Schlagsahne (optional)

1.Stellen Sie eine 13 x 9 x 2 Zoll große Pfanne zum Abkühlen in den Gefrierschrank. Bringen Sie das Wasser zum Kochen. Vom Herd nehmen. Instant-Espressopulver und Zucker nach Geschmack einrühren. Etwas abkühlen lassen und dann abdecken. Bis es kalt ist, ca. 1 Stunde.

2.Nehmen Sie die abgekühlte Pfanne aus dem Gefrierschrank und gießen Sie den Kaffee in die Pfanne. Einfrieren, bis sich an den Rändern ein Rand aus 2,5 cm großen Eiskristallen bildet. Rühren Sie die Eiskristalle in die Mitte der Mischung. Stellen Sie die Pfanne wieder in den Gefrierschrank und gefrieren Sie unter Rühren alle 30 Minuten weiter, bis die gesamte Flüssigkeit gefroren ist, etwa 2 bis 2 1/2 Stunden.

3.Sofort servieren, auf Wunsch mit Sahne servieren oder in einen Plastikbehälter geben, abdecken und bis zu 24 Stunden im Kühlschrank lagern.

4.Bei Bedarf etwa 15 Minuten vor dem Servieren aus dem Gefrierschrank nehmen, damit es weich wird.

Zitrusfrüchte und Campari-Granita

Granita di Agrumi und Campari

Ergibt 6 Portionen

Campari, ein leuchtend roter Aperitif, wird vor dem Essen auf Eis getrunken oder mit Limonade gemischt. Für diese Granita wird es mit Zitronensaft kombiniert. Campari hat eine schöne bittere Note, die sehr erfrischend ist, und die Granita hat eine schöne rosa Farbe.

1 Glas Wasser

½ Tasse Zucker

2 Tassen frisch gepresster Grapefruitsaft

1 Tasse frischer Orangensaft

1 Teelöffel abgeriebene Orangenschale

¾ Tasse Campari

1. Stellen Sie die 13 × 9 × 2 Zoll große Pfanne in den Gefrierschrank, um sie mindestens 15 Minuten lang abzukühlen. Wasser und Zucker in einem kleinen Topf vermischen. Bei mittlerer Hitze zum Kochen bringen und unter gelegentlichem Rühren kochen, bis sich der Zucker aufgelöst hat. Gut mischen.

Vom Herd nehmen und abkühlen lassen. Den Sirup abkühlen lassen.

2.Gekühlten Sirup, Säfte, Campari und Orangenschale vermischen.

3.Nehmen Sie die gekühlte Pfanne aus dem Gefrierschrank und gießen Sie die Mischung in die Pfanne. Stellen Sie die Pfanne für 30 Minuten in den Gefrierschrank oder bis sich an den Rändern ein Rand aus 2,5 cm großen Eiskristallen bildet. Rühren Sie die Eiskristalle in die Mitte der Mischung. Stellen Sie die Pfanne wieder in den Gefrierschrank und gefrieren Sie unter Rühren alle 30 Minuten weiter, bis die gesamte Flüssigkeit gefroren ist, etwa 2 bis 2 1/2 Stunden. Sofort servieren oder die Mischung in einen Plastikbehälter geben, abdecken und 24 Stunden im Kühlschrank lagern.

4.Bei Bedarf etwa 15 Minuten vor dem Servieren aus dem Gefrierschrank nehmen, damit es weich wird.

Weißer Pfirsich und Prosecco Granita

Granita di Pesche und Prosecco

Ergibt 6 Portionen

Diese Granita ist vom Bellini inspiriert, dem köstlichen Cocktail, der durch Harry's Bar in Venedig berühmt wurde. Ein Bellini wird aus weißem Pfirsichsaft und Prosecco hergestellt, einem prickelnden Weißwein aus der Region Venetien.

Rizinuszucker lässt sich leichter mischen als Kristallzucker, aber wenn Sie ihn nicht finden können, verwenden Sie ein paar Kühler.Einfacher Syrupdie Beispiele

5 mittelreife weiße Pfirsiche, geschält und in Scheiben geschnitten

1/2 Tasse feiner Zucker

2 Esslöffel frischer Zitronensaft oder nach Geschmack

1 Glas Prosecco oder anderer trockener Weißwein

1.Stellen Sie die 13 × 9 × 2 Zoll große Pfanne in den Gefrierschrank, um sie mindestens 15 Minuten lang abzukühlen. In einem Mixer oder einer Küchenmaschine die Pfirsiche, den Puderzucker und den Zitronensaft vermischen. Rühren oder verarbeiten, bis sich der Zucker vollständig aufgelöst hat. Den Wein einrühren.

2.Nehmen Sie die gekühlte Pfanne aus dem Gefrierschrank und gießen Sie die Mischung in die Pfanne. Stellen Sie die Pfanne für 30 Minuten in den Gefrierschrank oder bis sich an den Rändern ein Rand aus 2,5 cm großen Eiskristallen bildet. Rühren Sie die Eiskristalle in die Mitte der Mischung. Stellen Sie die Pfanne wieder in den Gefrierschrank und gefrieren Sie unter Rühren alle 30 Minuten weiter, bis die gesamte Flüssigkeit gefroren ist, etwa 2 bis 2 1/2 Stunden. Sofort servieren oder die Mischung in einen Plastikbehälter geben, abdecken und 24 Stunden im Kühlschrank lagern.

3.Bei Bedarf etwa 15 Minuten vor dem Servieren aus dem Gefrierschrank nehmen, damit es weich wird.

Schokoladensorbet

Schokoladensorbet

Ergibt 6 Portionen

Sorbet ist ein gefrorenes Dessert mit weicher Konsistenz, das für die Cremigkeit Milch oder Eiweiß enthält. Dies ist die Version des Sorbets, die ich im Caffè Florian, einem historischen Café und Teezimmer am Markusplatz in Venedig, gegessen habe.

½ Tasse Zucker

3 Unzen bittersüße Schokolade, zerteilt

1 Glas Wasser

1 Tasse Vollmilch

1. In einem kleinen Topf alle Zutaten vermischen. Bei mittlerer Hitze zum Kochen bringen. Unter ständigem Rühren mit einem Schneebesen ca. 5 Minuten kochen, bis alles vermischt und glatt ist.

2. Gießen Sie die Mischung in eine mittelgroße Schüssel. Abdecken und kühl stellen, bis es kalt ist.

3. Befolgen Sie die Anweisungen des Herstellers im Gefrierschrank oder frieren Sie es in flachen Pfannen etwa 2 Stunden lang ein, bis es fest, aber hart ist. Die Mischung in eine Schüssel geben und glatt rühren. Packen Sie es in einen Plastikbehälter, decken Sie es ab und bewahren Sie es im Gefrierschrank auf. Innerhalb von 24 Stunden servieren.

Prosecco-Zitronenbrei

Sgroppino

Ergibt 4 Portionen

Venezianer beenden ihre Mahlzeit gerne mit einem Sgroppino, einem cremigen Zitronensorbet, gerührt mit Prosecco, einem trockenen, schäumenden Weißwein. Es sollte in letzter Minute zubereitet werden und ist ein schönes Dessert, das man am Tisch zubereiten kann. Ich serviere es gerne in Martini-Gläsern. Verwenden Sie ein hochwertiges Zitronensorbet oder ein im Laden gekauftes Sorbet. Es ist nicht traditionell, aber Orange wäre auch gut.

1 Tasse Zitronensorbet

1 Glas sehr kalter Prosecco oder anderer trockener Sekt

Zweige Minze

1. Stellen Sie einige Stunden vor dem Servieren des Desserts 4 hohe Gläser oder Parfaitgläser in den Kühlschrank.

2. Vor dem Servieren das Sorbet aus dem Gefrierschrank nehmen. Bei Zimmertemperatur etwa 10 Minuten ruhen lassen, bis es

weich genug ist. Das Sorbet in eine mittelgroße Schüssel geben.
Schlagen, bis es weich und glatt ist.

3.Den Prosecco langsam hinzufügen und kurz mit einem
Schneebesen verrühren, bis eine cremige und glatte Masse
entsteht. Gießen Sie den Ruhm schnell in gekühlte Weingläser
oder Martini-Gläser. Mit Minze garnieren. Sofort servieren.

Rosa Prosecco-Slush

Sgroppino alle Fragole

Ergibt 6 Portionen

Wenn Ihre frischen Markterdbeeren nicht reif und duftend sind, versuchen Sie es mit gefrorenen Erdbeeren für dieses einfache Dessert.

1 Tasse geschnittene Erdbeeren

1 bis 2 Löffel Zucker

1 Tasse Zitronensorbet

1 Glas Prosecco oder anderer trockener Sekt

Kleine frische Erdbeeren oder Zitronenscheiben zum Garnieren

1. Einige Stunden vor dem Servieren des Desserts 6 hohe Gläser oder Parfaitgläser kalt stellen.

2. Erdbeeren und 1 Esslöffel Zucker in eine Küchenmaschine oder einen Mixer geben. Die Beeren pürieren, bis sie glatt sind. Schmecken Sie die Süße. Bei Bedarf mehr Zucker hinzufügen.

3.Vor dem Servieren das Sorbet aus dem Gefrierschrank nehmen. Bei Zimmertemperatur etwa 10 Minuten ruhen lassen, bis es weich genug ist. Das Sorbet in eine mittelgroße Schüssel geben. Schlagen, bis es weich und glatt ist. Erdbeerpüree unterrühren. Den Wein schnell einrühren und verrühren, bis die Mischung cremig und glatt ist. In gekühlte Gläser füllen. Mit Erdbeeren oder Zitronenspalten garnieren und sofort servieren.

„Creme"-Eis

Sahneeis

Ergibt 6 bis 8 Portionen

Ein Hauch Zitrone zu diesem leichten und frischen Gelato. Ich mache es gerne, wenn die lokalen Erdbeeren Saison haben, und serviere sie zusammen.

3 Tassen Vollmilch

4 Eigelb

2/3 Tasse Zucker

1 Teelöffel reiner Vanilleextrakt

1 Esslöffel geriebene Zitrone

1. Erhitzen Sie die Milch in einem mittelgroßen Topf bei mittlerer Hitze, bis sich kleine Blasen bilden. Kochen Sie die Milch nicht. Vom Herd nehmen.

2. In einer hitzebeständigen Schüssel Eigelb und Zucker schlagen, bis eine dicke Masse entsteht und sich gut vermischt. Fügen Sie die heiße Milch hinzu, zunächst langsam und unter ständigem

Rühren, bis die gesamte Milch eingearbeitet ist. Zitronenschale unterrühren.

3.Gießen Sie die Mischung zurück in die Pfanne. Stellen Sie die Pfanne auf mittlere Hitze. Unter ständigem Rühren mit einem Holzlöffel kochen, bis Dampf aus der Pfanne aufsteigt und die Creme leicht eindickt (ca. 5 Minuten).

4.Die Sahne durch ein Sieb in eine Schüssel gießen. Fügen Sie die Vanille hinzu. Etwas abkühlen lassen, abdecken und etwa 1 Stunde im Kühlschrank lagern, bis es vollständig abgekühlt ist.

5.In einer Eismaschine gemäß den Anweisungen des Herstellers einfrieren. Das Eis in einen Plastikbehälter geben, abdecken und 24 Stunden einfrieren.

Zitroneneis

Gelato al Limone

Ergibt etwa 3 bis 4 Portionen

Sie benötigen zwei bis drei große Zitronen, um Saft und Schale für dieses einfache und köstliche Eis zu erhalten.

⅓ Tasse frischer Zitronensaft

1 Esslöffel frisch geriebene Zitrone

1 Tasse Zucker

1 Pint halb und halb

1. In einer mittelgroßen Schüssel Zitronensaft, Schale und Zucker vermischen und gut vermischen. 30 Minuten einwirken lassen.

2. Die Hälfte und die Hälfte dazugeben und gut vermischen. Gießen Sie die Mischung in die Schüssel einer Eismaschine und befolgen Sie die Anweisungen des Herstellers zum Einfrieren.

3. Das Eis in einen Plastikbehälter geben, abdecken und 24 Stunden einfrieren.

Ricotta-Eis

Ricotta-Gelato

Ergibt 6 bis 8 Portionen

Ricotta-Eis ist eine Lieblingssorte von Giolitti, einer der großen römischen Gelaterias. Jeden Sommerabend versammelt sich eine große Menschenmenge, um mit ihrem köstlichen Eis gefüllte Waffeln zu kaufen.

Zur Eismischung können ein paar Löffel gehackte Schokolade oder Pistazien hinzugefügt werden. Servieren Sie dieses reichhaltige Eis in kleinen Portionen, vielleicht mit einem Schuss Orangenlikör oder Rum bestreut.

Kandierte Orangenschalen und Zitronen sind in italienischen und nahöstlichen Geschäften oder im Versandhandel erhältlichdie Quellen.

16 Unzen ganzer oder teilentrahmter Ricotta

1/2 Tasse Zucker

2 Esslöffel süßer oder trockener Marsala

1 Teelöffel reiner Vanilleextrakt

¹/2 Tasse gekühlte Sahne oder Schlagsahne

2 Esslöffel gehackte Zitrone

2 Esslöffel gehackte kandierte Orangenschale

1. Etwa 20 Minuten bevor Sie mit der Zubereitung des Desserts beginnen, kühlen Sie eine große Schüssel und die Rührgeräte eines Elektromixers ab. Geben Sie den Ricotta in ein feinmaschiges Sieb über einer Schüssel. Schaufeln Sie den Ricotta mit einem Gummispatel durch das Sieb in die Schüssel. Zucker, Marsala und Vanille unterrühren.

2. Nehmen Sie die Schüssel und die Rührgeräte aus dem Kühlschrank. Gießen Sie die Sahne in die Schüssel und schlagen Sie die Sahne etwa 4 Minuten lang auf hoher Geschwindigkeit, bis sie beim Anheben des Rührbesens sanft ihre Form behält.

3. Mit einem flexiblen Spatel die Sahne, die Zitronenschale und die Zitronenschale unter die Ricotta-Mischung heben. Gießen Sie die Mischung in den Behälter einer Eismaschine und gefrieren Sie sie gemäß den Anweisungen des Herstellers.

4. Das Eis in einen Plastikbehälter geben, abdecken und 24 Stunden einfrieren.

Gebratene Lammkeule mit Kartoffeln, Knoblauch und Rosmarin

Agnello al Forno

Ergibt 6 Portionen

Italiener würden dieses Lammfleisch gut durchgebraten servieren, aber ich denke, es schmeckt am besten, wenn es selten gebraten ist und auf einem sofort ablesbaren Thermometer etwa 130 °F beträgt. Lassen Sie das Lamm nach dem Braten ruhen, damit der Bratensaft in die Mitte des Fleisches zurückkehren kann.

6 Allzweckkartoffeln, geschält und in 2,5 cm große Würfel geschnitten

3 Esslöffel Olivenöl

Salz und frisch gemahlener schwarzer Pfeffer

1 Lammkeule mit Knochen, geputzt (ca. 2,5 kg)

6 Knoblauchzehen, fein gehackt

2 Esslöffel gehackter frischer Rosmarin

1.Stellen Sie einen Rost in die Mitte des Ofens. Ofen auf 350°F vorheizen. Legen Sie die Kartoffeln in eine Pfanne, die groß genug ist, um das Fleisch und die Kartoffeln aufzunehmen, ohne sie zu füllen. Mit Öl und Salz und Pfeffer abschmecken.

2. Machen Sie mit einem kleinen Messer kleine Schlitze in das Lammfleisch. Etwas Knoblauch und Rosmarin in die Schlitze füllen, etwas davon für die Kartoffeln aufheben. Das Fleisch großzügig mit Salz und Pfeffer würzen. Legen Sie die Kartoffeln beiseite und legen Sie das Fleisch mit der Fettseite nach oben darauf.

3. Stellen Sie die Form in den Ofen und backen Sie sie 30 Minuten lang. Kartoffeln wenden. Weitere 30 bis 45 Minuten braten oder bis die Innentemperatur auf einem Fleischthermometer 130 °F anzeigt, gemessen an der dicksten Stelle des Fleisches, entfernt vom Knochen. Nehmen Sie die Pfanne aus dem Ofen und legen Sie das Lamm auf ein Schneidebrett. Decken Sie das Fleisch mit Folie ab. Vor dem Schneiden mindestens 15 Minuten ruhen lassen.

4. Testen Sie die Kartoffeln, indem Sie sie mit einem scharfen Messer einstechen. Wenn sie noch mehr gegart werden müssen, heizen Sie den Ofen auf 400 °F vor, stellen Sie die Pfanne wieder in den Ofen und kochen Sie sie, bis sie weich sind.

5.Das Lamm in Scheiben schneiden und heiß mit Kartoffeln servieren.

Lammkeule mit Zitrone, Kräutern und Knoblauch

Agnello Steccato

Ergibt 6 Portionen

Dieses gebratene Lammfleisch ist mit Basilikum, Minze, Knoblauch und Zitrone gewürzt. Sobald es im Ofen ist, können Sie nichts mehr dagegen tun. Es ist das perfekte Gericht für ein kleines Abendessen oder Sonntagsessen. Nach Belieben Kartoffeln, Karotten, Rüben oder anderes Wurzelgemüse in den Auflauf geben.

1 Lammkeule, fein gehackt (ca. 3 Kilo)

2 Knoblauchzehen

2 Esslöffel gehacktes frisches Basilikum

1 Esslöffel gehackte frische Minze

1/4 Tasse frisch geriebener Pecorino Romano oder Parmigiano-Reggiano

1 Esslöffel geriebene Zitrone

1/2 Teelöffel getrockneter Oregano

Salz und frisch gemahlener schwarzer Pfeffer

2 Esslöffel Olivenöl

1. Stellen Sie einen Rost in die Mitte des Ofens. Ofen auf 425°F vorheizen.

2. Knoblauch, Basilikum und Minze fein hacken. In einer kleinen Schüssel die Mischung mit Käse, Zitronenschale und Oregano vermischen. 1 Teelöffel Salz und frisch gemahlenen Pfeffer nach Geschmack hinzufügen. Machen Sie mit einem kleinen Messer etwa 3/4 Zoll tiefe Schnitte durch das Fleisch. In jeden Schlitz etwas von der Gewürzmischung geben. Reiben Sie das Öl über das Fleisch. 15 Minuten rösten.

3. Reduzieren Sie die Hitze auf 350 °F. Eine weitere Stunde kochen lassen oder bis das Fleisch gar ist und eine Innentemperatur von 130 °F erreicht hat, auf einem sofort ablesbaren Thermometer an der dicksten Stelle messen, aber den Knochen nicht berühren.

4. Das Lammfleisch aus dem Ofen nehmen und auf ein Schneidebrett legen. Decken Sie das Lamm mit Folie ab und lassen Sie es 15 Minuten ruhen, bevor Sie es in Scheiben schneiden. Heiß servieren.

Mit Zucchini gefüllter Lammbraten

Zucchini Ripiene

Ergibt 6 Portionen

Eine Lammkeule sättigt eine Menschenmenge, aber nach einem kleinen Abendessen habe ich oft Reste übrig. Dann mache ich diese köstliche gefüllte Zucchini. Alternativ können auch andere Arten von gekochtem Fleisch oder Geflügel verwendet werden.

2 bis 3 (1/2 Zoll dicke) Scheiben italienisches Brot

1/4 Glas Milch

1 Kilo gekochtes Lammfleisch

2 große Eier

2 Esslöffel gehackte frische Petersilie

2 Knoblauchzehen, fein gehackt

1/2 Tasse frisch geriebener Pecorino Romano oder Parmigiano-Reggiano

Salz und frisch gemahlener schwarzer Pfeffer

6 mittelgroße Zucchini, gewaschen und geschnitten

Zum Beispiel 2 Tassen TomatensauceMarinara-Sauce

1.Stellen Sie einen Rost in die Mitte des Ofens. Ofen auf 425°F vorheizen. Eine 13 x 9 x 2 Zoll große Backform einfetten.

2.Entfernen Sie die Brotkruste und schneiden Sie das Brot in Stücke. (Sie sollten etwa 1 Tasse haben.) Geben Sie die Stücke in eine mittelgroße Schüssel, gießen Sie die Milch hinein und lassen Sie sie einweichen.

3.Das Fleisch in einer Küchenmaschine zerkleinern. In eine große Schüssel umfüllen. Eier, Petersilie, Knoblauch, Semmelbrösel, 1/4 Tasse Käse sowie Salz und Pfeffer nach Geschmack hinzufügen. Gut mischen.

4.Die Zucchini der Länge nach halbieren. Nehmen Sie die Samen heraus. Die Zucchini mit der Fleischmischung füllen. Eine Zucchini in die Pfanne geben. Die Soße darübergießen und mit dem restlichen Käse bestreuen.

5.35 bis 40 Minuten backen oder bis die Füllung gar ist und die Zucchini zart ist. Warm oder bei Zimmertemperatur servieren.

Kaninchen mit Weißwein und Kräutern

Coniglio al Vino Bianco

Ergibt 4 Portionen

Dies ist das Grundrezept für ligurisches Kaninchen, das durch Zugabe von schwarzen oder grünen Oliven oder anderen Gewürzen abgewandelt werden kann. Die Köche dieser Region bereiten Kaninchen auf verschiedene Arten zu, unter anderem mit Pinienkernen, Pilzen oder Artischocken.

1 Kaninchen (2 1/2 bis 3 Pfund), in 8 Stücke geschnitten

Salz und frisch gemahlener schwarzer Pfeffer

3 Esslöffel Olivenöl

1 kleine Zwiebel, fein gehackt

1/2 Tasse fein gehackte Karotten

1/2 Tasse gehackter Sellerie

1 Esslöffel gehackte frische Rosmarinblätter

1 Teelöffel gehackter frischer Thymian

1 Lorbeerblatt

1/2 Tasse trockener Weißwein

1 Tasse Hühnerbrühe

1. Die Kaninchenstücke waschen und mit Küchenpapier trocken tupfen. Mit Salz und Pfeffer würzen.

2. Das Öl in einer großen Pfanne bei mittlerer Hitze erhitzen. Fügen Sie das Kaninchen hinzu und kochen Sie es etwa 15 Minuten lang, bis es von allen Seiten gebräunt ist.

3. Zwiebeln, Karotten, Sellerie und Gewürze rund um die Kaninchenstücke verteilen und etwa 5 Minuten kochen, bis die Zwiebeln weich sind.

4. Den Wein hinzufügen und zum Kochen bringen. Kochen, bis der größte Teil der Flüssigkeit verdampft ist, etwa 2 Minuten. Brühe hinzufügen und zum Kochen bringen. Drehen Sie die Hitze herunter. Decken Sie den Topf ab und kochen Sie das Kaninchen etwa 30 Minuten lang, indem Sie es gelegentlich mit einer Zange wenden, bis es zart ist, wenn Sie es mit einer Gabel einstechen.

5. Übertragen Sie das Kaninchen auf einen Servierteller. Abdecken und erhitzen. Erhöhen Sie die Hitze und lassen Sie den Inhalt der

Pfanne ca. 2 Minuten köcheln, bis er eingedickt und sirupartig ist. Entsorgen Sie das Lorbeerblatt.

6.Den Inhalt der Pfanne über das Kaninchen gießen und sofort servieren.

Kaninchen mit Oliven

Coniglio alla Stimperata

Ergibt 4 Portionen

Rote Paprika, grüne Oliven und Kapern verleihen diesem Kaninchengericht nach sizilianischer Art Geschmack. Der Begriff alla stimperata wird für einige sizilianische Rezepte verwendet, obwohl die Bedeutung unklar ist. Es kommt möglicherweise von stemperare, was „auflösen, verdünnen oder rühren" bedeutet und sich auf das Hinzufügen von Wasser in den Topf bezieht, während das Kaninchen kocht.

1 Kaninchen (2 1/2 bis 3 Pfund), in 8 Stücke geschnitten

1/4 Tasse Olivenöl

3 Knoblauchzehen, gehackt

1 Tasse grüne Oliven waschen, putzen und abtropfen lassen

2 rote Paprika, in dünne Scheiben geschnitten

1 Esslöffel Kapern, gewaschen

Eine Prise Oregano

Salz und frisch gemahlener schwarzer Pfeffer

2 Esslöffel Weißweinessig

1/2 Tassen Wasser

1. Die Kaninchenstücke waschen und mit Küchenpapier trocken tupfen.

2. Das Öl in einer großen Pfanne bei mittlerer Hitze erhitzen. Fügen Sie das Kaninchen hinzu und kochen Sie es etwa 15 Minuten lang, bis es von allen Seiten gut gebräunt ist. Die Kaninchenstücke auf einen Teller legen.

3. Den Knoblauch in die Pfanne geben und 1 Minute kochen lassen. Oliven, Pfeffer, Kapern und Oregano hinzufügen. Unter Rühren 2 Minuten kochen lassen.

4. Geben Sie das Kaninchen wieder in die Pfanne. Mit Salz und Pfeffer würzen. Essig und Wasser hinzufügen und zum Kochen bringen. Drehen Sie die Hitze herunter. Abdecken und kochen, dabei das Kaninchen gelegentlich wenden, bis es weich ist, wenn man es mit einer Gabel einsticht, etwa 30 Minuten. Sobald die Flüssigkeit verdunstet ist, etwas Wasser hinzufügen. In eine Servierschüssel umfüllen und heiß servieren.

Kaninchen, Porchetta-Stil

Coniglio in Porchetta

Ergibt 4 Portionen

Die für die Zubereitung von Schweinebraten verwendete Gewürzkombination ist so köstlich, dass Köche sie an andere Fleischsorten angepasst haben, die einfacher zuzubereiten sind. In der Region Marken wird wilder Fenchel verwendet, getrockneter Fenchel kann jedoch ersetzt werden.

1 Kaninchen (2 1/2 bis 3 Pfund), in 8 Stücke geschnitten

Salz und frisch gemahlener schwarzer Pfeffer

2 Esslöffel Olivenöl

2 Unzen Pancetta

3 Knoblauchzehen, fein gehackt

2 Esslöffel gehackter frischer Rosmarin

1 Esslöffel Fenchelsamen

2 oder 3 Salbeiblätter

1 Lorbeerblatt

1 Glas trockener Weißwein

½ Tassen Wasser

1. Die Kaninchenstücke waschen und mit Küchenpapier trocken tupfen. Mit Salz und Pfeffer würzen.

2. In einer Pfanne, die groß genug ist, um die Kaninchenstücke in einer einzigen Schicht aufzunehmen, das Öl bei mittlerer Hitze erhitzen. Legen Sie die Stücke in die Pfanne. Den Pancetta rundherum verteilen. Das Kaninchen ca. 8 Minuten braten, bis es auf einer Seite gebräunt ist.

3. Das Kaninchen umdrehen und mit Knoblauch, Rosmarin, Fenchel, Salbei und Lorbeerblatt bestreuen. Wenn das Kaninchen nach etwa 7 Minuten auf der zweiten Seite gebräunt ist, den Wein hinzufügen und umrühren, dabei den Boden der Pfanne abkratzen. Den Wein 1 Minute lang kochen.

4. Ohne Deckel kochen, dabei das Fleisch gelegentlich wenden, bis das Kaninchen sehr zart ist und sich vom Knochen löst, etwa 30 Minuten. (Fügen Sie etwas Wasser hinzu, falls die Pfanne austrocknet.)

5.Entsorgen Sie das Lorbeerblatt. Legen Sie das Kaninchen auf einen Teller und servieren Sie es heiß mit dem Bratensaft.

Kaninchen mit Tomaten

Coniglio alla Ciociara

Ergibt 4 Portionen

In der Region Ciociara außerhalb Roms, die für ihre köstliche Küche bekannt ist, wird Kaninchen in Tomatensauce und Weißwein geschmort.

1 Kaninchen (2 1/2 bis 3 Pfund), in 8 Stücke geschnitten

2 Esslöffel Olivenöl

2 Unzen Pancetta, in dicke Scheiben geschnitten und gehackt

2 Esslöffel gehackte frische Petersilie

1 Knoblauchzehe, leicht zerdrückt

Salz und frisch gemahlener schwarzer Pfeffer

1 Glas trockener Weißwein

2 Tassen geschälte, entkernte und gehackte Pflaumentomaten

1.Die Kaninchenstücke waschen und mit Küchenpapier trocken tupfen. Das Öl in einer großen Pfanne bei mittlerer Hitze erhitzen. Legen Sie das Kaninchen in die Pfanne und fügen Sie dann Pancetta, Petersilie und Knoblauch hinzu. Das Kaninchen ca. 15 Minuten braten, bis es von allen Seiten gut gebräunt ist. Mit Salz und Pfeffer würzen.

2.Den Knoblauch aus der Pfanne nehmen und wegwerfen. Den Wein einrühren und 1 Minute kochen lassen.

3.Drehen Sie die Hitze herunter. Die Tomaten einrühren und ca. 30 Minuten kochen, bis das Kaninchen weich ist und vom Knochen fällt.

4.Das Kaninchen auf einen Teller legen und heiß mit der Soße servieren.

Süß-saures Kaninchen

Coniglio in Agrodolce

Ergibt 4 Portionen

Die Sizilianer sind für ihre Süßigkeiten bekannt, ein Erbe der mindestens zweihundert Jahre währenden arabischen Herrschaft der Insel. Rosinen, Zucker und Essig verleihen diesem Kaninchen einen süß-sauren Geschmack.

1 Kaninchen (2 1⁄2 bis 3 Pfund), in 8 Stücke geschnitten

2 Esslöffel Olivenöl

2 Unzen dick geschnittener Pancetta, gehackt

1 mittelgroße Zwiebel, fein gehackt

Salz und frisch gemahlener schwarzer Pfeffer

1 Glas trockener Weißwein

2 Vollkornprodukte

1 Lorbeerblatt

1 Tasse Rinder- oder Hühnerbrühe

1 Esslöffel Zucker

¼ Tasse Weißweinessig

2 Esslöffel Rosinen

2 Esslöffel Pinienkerne

2 Esslöffel gehackte frische Petersilie

1.Die Kaninchenstücke waschen und mit Küchenpapier trocken
   tupfen. Öl und Pancetta in einer großen Pfanne bei mittlerer
   Hitze 5 Minuten lang erhitzen. Fügen Sie das Kaninchen hinzu
   und kochen Sie es etwa 8 Minuten lang, bis es auf einer Seite
   gebräunt ist. Drehen Sie die Kaninchenstücke mit einer Zange
   um und schneiden Sie die Zwiebel in Scheiben. Mit Salz und
   Pfeffer würzen.

2.Wein, Nelken und Lorbeerblatt hinzufügen. Bringen Sie die
   Flüssigkeit zum Kochen und kochen Sie sie etwa 2 Minuten lang,
   bis der größte Teil des Weins verdampft ist. Die Brühe
   hinzufügen und die Pfanne abdecken. Hitze reduzieren und 30
   bis 45 Minuten köcheln lassen, bis das Kaninchen weich ist.

3.Die Kaninchenstücke auf einen Teller legen. (Wenn viel
   Flüssigkeit übrig bleibt, bei starker Hitze kochen, bis die Menge

reduziert ist.) Zucker, Essig, Rosinen und Pinienkerne einrühren. Rühren Sie etwa 1 Minute lang, bis sich der Zucker aufgelöst hat.

4. Geben Sie das Kaninchen zurück in die Pfanne und kochen Sie es etwa 5 Minuten lang, indem Sie die Stücke in der Soße wenden, bis sie gut bedeckt sind. Petersilie unterrühren und heiß mit dem Bratensaft servieren.

Gebratenes Kaninchen mit Kartoffeln

Coniglio Arrosto

Ergibt 4 Portionen

Bei meiner Freundin Dora Marzovilla beginnt ein Sonntagsessen oder eine besondere Mahlzeit oft mit einer Auswahl an zartem und knusprig gebratenem Gemüse wie Artischockenherzen oder Spargel, gefolgt von einem köstlichen Ragù aus hausgemachter Orecchiette oder Cavatelli, gedünstet mit kleinen Fleischbällchen. . Dora aus Rutigliano in Apulien ist eine ausgezeichnete Köchin und dieses Kaninchengericht, das sie als Hauptgericht serviert, ist eine ihrer Spezialitäten.

1 Kaninchen (2 1/2 bis 3 Pfund), in 8 Stücke geschnitten

1/4 Tasse Olivenöl

1 mittelgroße Zwiebel, fein gehackt

2 Esslöffel gehackte frische Petersilie

1Mit /2 Tasse Wein ablöschen

Salz und frisch gemahlener schwarzer Pfeffer

4 mittelgroße Allzweckkartoffeln, geschält und in 2,5 cm große Stücke geschnitten

1/2 Tassen Wasser

1/2 Teelöffel Oregano

1. Die Kaninchenstücke waschen und mit Küchenpapier trocken tupfen. In einer großen Pfanne zwei Esslöffel Öl bei mittlerer Hitze erhitzen. Kaninchen, Zwiebel und Petersilie hinzufügen. Unter gelegentlichem Wenden die Stücke ca. 15 Minuten kochen lassen, bis sie braun sind. Den Wein hinzufügen und weitere 5 Minuten kochen lassen. Mit Salz und Pfeffer würzen.

2. Stellen Sie einen Rost in die Mitte des Ofens. Ofen auf 425°F vorheizen. Eine Pfanne einfetten, sodass alle Zutaten in einer einzigen Schicht liegen.

3. Die Kartoffeln in der Pfanne aufteilen und mit den restlichen 2 Esslöffeln Öl vermengen. Den Inhalt der Pfanne in die Pfanne geben und die Kaninchenstücke um die Kartoffeln legen. Fügen Sie das Wasser hinzu. Mit Oregano, Salz und Pfeffer bestreuen. Decken Sie die Pfanne mit Aluminiumfolie ab. 30 Minuten rösten. Abdecken und weitere 20 Minuten kochen lassen oder bis die Kartoffeln weich sind.

4.In eine Servierschüssel geben. Heiß servieren.

Marinierte Artischocken

Carciofi Marinati

Ergibt 6 bis 8 Portionen

Diese Artischocken schmecken hervorragend in Salaten, kalt oder als Teil eines Antipasti-Sortiments. Artischocken sind im Kühlschrank mindestens zwei Wochen haltbar.

Wenn keine kleinen Artischocken verfügbar sind, ersetzen Sie sie durch mittelgroße, in acht Stücke geschnittene Artischocken.

1 Tasse Weißweinessig

2 Tassen Wasser

1 Lorbeerblatt

1 ganze Knoblauchzehe

8 bis 12 junge Artischocken, gewaschen und geviertelt (sieheZur Zubereitung ganzer Artischocken)

Eine Prise gemahlener roter Pfeffer

Salzig

1.In einem großen Topf Essig, Wasser, Lorbeerblatt und Knoblauch vermischen. Bringen Sie die Flüssigkeit zum Kochen.

2.Fügen Sie die Artischocken, den zerstoßenen roten Pfeffer und das Salz hinzu und schmecken Sie ab. Beim Einstechen mit einem Messer 7 bis 10 Minuten garen, bis es weich ist. Vom Herd nehmen. Den Inhalt der Pfanne durch ein feines Sieb in eine Schüssel gießen. Halten Sie es flüssig.

3.Geben Sie die Artischocken in sterilisierte Gläser. Gießen Sie die Kochflüssigkeit so weit hinein, dass alles bedeckt ist. Vollständig abkühlen lassen. Abdecken und mindestens 24 Stunden oder bis zu 2 Wochen im Kühlschrank lagern.

4.Vor dem Servieren die Artischocken abtropfen lassen und mit Öl beträufeln.

Artischocken nach römischer Art

Carciofi alla Romana

Ergibt 8 Portionen

Kleine Bauernhöfe in ganz Rom produzieren im Frühling und Herbst reichlich frische Artischocken. Kleine Lastwagen bringen sie zu Straßenmärkten und verkaufen sie auf der Ladefläche des Lastwagens. Artischocken haben lange Stängel und die Blätter sind noch daran befestigt, da die Stängel, wenn sie geschält sind, gut zu essen sind. Die Römer garen Artischocken mit der Stielseite nach oben. Sie sehen sehr attraktiv aus, wenn sie auf einem Teller platziert werden.

2 große Knoblauchzehen, gehackt

2 Esslöffel gehackte frische Petersilie

1 Teelöffel frische Minze oder 1/2 Teelöffel getrockneter Majoran

Salz und frisch gemahlener schwarzer Pfeffer

1/4 Tasse Olivenöl

8 mittelgroße Artischocken, zum Füllen vorbereitet (sieheZur Zubereitung ganzer Artischocken)

½ Tasse trockener Weißwein

1. In einer kleinen Schüssel Knoblauch, Petersilie und Minze oder Majoran verrühren. Mit Salz und Pfeffer abschmecken. 1 Esslöffel Öl untermischen.

2. Die Artischockenblätter vorsichtig verteilen und eine Knoblauchmischung in die Mitte geben. Drücken Sie die Artischocken leicht zusammen, um die Füllung zu halten, und legen Sie sie mit der Stielseite nach oben in eine Pfanne, damit sie aufrecht bleiben. Den Wein um die Artischocken gießen. Fügen Sie Wasser bis zu einer Tiefe von 3/4 Zoll hinzu. Die Artischocken mit dem restlichen Öl beträufeln.

3. Decken Sie die Pfanne ab und bringen Sie die Flüssigkeit bei mittlerer Hitze zum Kochen. 45 Minuten kochen lassen oder bis die Artischocken weich sind, wenn man sie mit einem Messer ansticht. Warm oder bei Zimmertemperatur servieren.

Geröstete Artischocken

Carciofi Stufati

Ergibt 8 Portionen

Artischocken gehören zur Familie der Distelgewächse und wachsen auf buschigen Pflanzen. Sie wachsen wild in vielen Teilen Süditaliens und werden von vielen Menschen in ihren Gärten angebaut. Eine Artischocke ist eigentlich eine ungeöffnete Blüte. An der Spitze des Busches wachsen sehr große Artischocken, an der Basis sprießen kleine. Kleine Artischocken, auch Baby-Artischocken genannt, eignen sich hervorragend zum Braten. Bereiten Sie sie wie eine größere Artischocke zum Kochen vor. Ihr butterartiger, süßer Geschmack und ihre Textur passen besonders gut zu Fisch.

1 kleine Zwiebel, fein gehackt

1/4 Tasse Olivenöl

1 Knoblauchzehe, gehackt

2 Esslöffel gehackte frische Petersilie

2 Kilo BabyArtischocken, schneiden und vierteln

1/2 Tassen Wasser

Salz und frisch gemahlener schwarzer Pfeffer

1.In einem großen Topf die Zwiebel in Öl bei mittlerer Hitze etwa
10 Minuten lang braten, bis sie weich ist. Knoblauch und
Petersilie unterrühren.

2.Die Artischocken in die Pfanne geben und gut umrühren. Nach
Geschmack Wasser und Salz und Pfeffer hinzufügen. Abdecken
und etwa 15 Minuten köcheln lassen, bis die Artischocken beim
Einstechen mit einem Messer weich sind. Warm oder bei
Zimmertemperatur servieren.

Variation:Fügen Sie in Schritt 2 drei mittelgroße Kartoffeln hinzu,
die geschält und in 2,5 cm große Würfel geschnitten werden,
zusammen mit der Zwiebel.

Artischocken, jüdische Art

Carciofi alla Giudia

Ergibt 4 Portionen

Das jüdische Volk kam erstmals im 1. Jahrhundert v. Chr. nach Rom. Sie ließen sich in der Nähe des Tiber nieder und wurden 1556 von Papst Paul IV. in einem ummauerten Ghetto eingesperrt. Viele waren arm und mussten sich mit einfachen und billigen Lebensmitteln wie Kabeljau, Zucchini und Artischocken begnügen. Als die Ghettomauern Mitte des 19. Jahrhunderts fielen, hatten die Juden Roms ihren eigenen Kochstil entwickelt, der später bei anderen Römern in Mode kam. Heute werden jüdische Gerichte wie frittierte Zucchiniblüten, Grieß-Gnocchi, und diese Artischocken gelten als römischer Klassiker.

Das jüdische Viertel von Rom existiert noch immer und es gibt viele gute Restaurants, in denen Sie diese Art der Küche probieren können. In Piperno und Da Giggetto, zwei beliebten Trattorien, werden frittierte Artischocken warm mit viel Salz serviert. Die Blätter sind so knusprig wie Pommes Frites. Die Artischocken spritzen beim Kochen, also halten Sie sich von der Hitze fern und schützen Sie Ihre Hände.

4 mittelArtischocken, als Füllung zubereitet

Olivenöl

Salzig

1. Artischocken trocknen. Legen Sie eine Artischocke mit der Unterseite nach oben auf eine ebene Fläche. Drücken Sie mit dem Handballen auf die Ferse, um die Blätter zu glätten und auszubreiten. Mit den restlichen Artischocken wiederholen. Drehen Sie sie so, dass die Enden der Blätter nach oben zeigen.

2. In einer großen, tiefen Pfanne oder einer breiten, schweren Pfanne etwa 5 cm Olivenöl bei mittlerer Hitze erhitzen, bis ein Artischockenblatt brutzelt und schnell braun wird. Schützen Sie Ihre Hand mit einem Ofentuch, da das Öl spritzt und spritzt, wenn die Artischocken nass sind. Die Artischocken mit den Blattenden nach unten dazugeben. Kochen Sie die Artischocken etwa 10 Minuten lang, indem Sie sie mit einem Löffel in das Öl drücken, bis sie auf einer Seite gebräunt sind. Drehen Sie die Artischocken vorsichtig mit einer Zange um und kochen Sie sie noch etwa 10 Minuten lang, bis sie braun sind.

3. Auf Küchenpapier abtropfen lassen. Mit Salz bestreuen und sofort servieren.

Römischer Frühlingsgemüseeintopf

La Vignarola

Ergibt 4 bis 6 Portionen

Italiener sind sehr im Einklang mit den Jahreszeiten und die Ankunft der ersten Frühlingsartischocken signalisiert, dass der Winter vorbei ist und bald wieder warmes Wetter einkehrt. Um dies zu feiern, essen die Römer Schüsseln mit diesem frischen Frühlingsgemüseeintopf, mit Artischocken als Hauptgericht.

4 Unzen geschnittener Pancetta, gehackt

¼ Tasse Olivenöl

1 mittelgroße Zwiebel, gehackt

4 mittelArtischocken, schneiden und vierteln

1 Pfund frische Kidneybohnen, in der Schale oder 1 Tasse gefrorene Kidneybohnen oder Limabohnen

^{1/2 Tasse}Hühnersuppe

Salz und frisch gemahlener schwarzer Pfeffer

1 Pfund frische Erbsen, geschält (ca. 1 Tasse)

2 Esslöffel gehackte frische Petersilie

1. Pancetta in Öl in einer großen Pfanne bei mittlerer Hitze anbraten. Dabei häufig umrühren, bis die Pancetta anfängt zu bräunen (ca. 5 Minuten). Fügen Sie die Zwiebel hinzu und kochen Sie sie noch etwa 10 Minuten lang, bis sie braun ist.

2. Artischocken, Bohnen, Brühe sowie Salz und Pfeffer nach Geschmack hinzufügen. Drehen Sie die Hitze herunter. Abdecken und 10 Minuten kochen lassen oder bis die Artischocken beim Einstechen mit einem Messer fast zart sind. Erbsen und Petersilie hinzufügen und weitere 5 Minuten kochen lassen. Warm oder bei Zimmertemperatur servieren.

Knusprige Artischockenherzen

Carciofini Fritti

Ergibt 6 bis 8 Portionen

In den Vereinigten Staaten werden Artischocken hauptsächlich in Kalifornien angebaut, wo sie Anfang des 20. Jahrhunderts von italienischen Einwanderern angebaut wurden. Die Sorten unterscheiden sich von den italienischen und sind bei der Ernte oft sehr reif, manchmal werden sie hart und holzig. Gefrorene Artischockenherzen können wirklich gut sein und viel Zeit sparen. Ich verwende sie manchmal für dieses Rezept. Gebratene Artischocken schmecken köstlich zu Lammkoteletts oder als Vorspeise.

12 BabyArtischocken, geschnitten und geviertelt, oder 2 (10-Unzen) Päckchen gefrorene Artischockenherzen, leicht gegart gemäß den Anweisungen in der Packung

3 große Eier, geschlagen

Salzig

2 Tassen einfache, trockene Semmelbrösel

Öl zum braten

Zitronenscheiben

1.Frische oder gekochte Artischocken trocknen. In einer mittelgroßen Schüssel Eier verquirlen und mit Salz abschmecken. Die Semmelbrösel auf einem Backblech verteilen.

2.Legen Sie einen Rost auf ein Backblech. Tauchen Sie die Artischocken in die Eimischung und zerstoßen Sie sie anschließend zu Krümeln. Legen Sie die Artischocken vor dem Garen mindestens 15 Minuten lang auf einen Rost, um sie zu trocknen.

3.Ein Tablett mit Papiertüchern auslegen. Gießen Sie Öl 2,5 cm tief in eine große, schwere Pfanne. Das Öl erhitzen, bis ein Tropfen der Eimischung brutzelt. Fügen Sie die Artischocken so hinzu, dass sie bequem in die Pfanne passen, ohne sie zu überfüllen. Kochen Sie die Stücke, indem Sie sie mit einer Zange wenden, bis sie goldbraun sind, etwa 4 Minuten. Auf Küchenpapier abtropfen lassen und warm halten, während die restlichen Artischocken, bei Bedarf portionsweise, gebraten werden.

4.Mit Salz bestreuen und heiß mit Zitronenspalten servieren.

Gefüllte Artischocken

Carciofi Ripieni

Ergibt 8 Portionen

So hat meine Mutter früher Artischocken zubereitet – eine klassische Zubereitung in ganz Süditalien. Es ist gerade genug Füllung vorhanden, um die Artischocken zu würzen und ihr Aroma zu verstärken. Zu viel Füllung wird matschig und die Artischocken werden schwer, also nicht zu viel Semmelbrösel verwenden und natürlich gute Semmelbrösel verwenden. Artischocken können im Voraus zubereitet und bei Zimmertemperatur serviert oder warm und frisch gegessen werden.

8 im DurchschnittArtischocken, bereit zum Befüllen

¾ Tasse einfache, trockene Semmelbrösel

¼ Tasse gehackte frische glatte Petersilie

¼ Tasse frisch geriebener Pecorino Romano oder Parmigiano-Reggiano

1 Knoblauchzehe, sehr fein gehackt

Salz und frisch gemahlener schwarzer Pfeffer

Olivenöl

1. Schneiden Sie die Artischockenstiele mit einem großen
   Kochmesser ab. In einer großen Schüssel die Stiele mit
   Semmelbröseln, Petersilie, Käse, Knoblauch sowie Salz und
   Pfeffer nach Geschmack vermischen. Etwas Öl hinzufügen und
   verrühren, um die Krümel gleichmäßig zu befeuchten.
   Abschmecken und die Gewürze anpassen.

2. Verteilen Sie die Blätter vorsichtig. Füllen Sie die Mitte der
   Artischocken leicht mit Semmelbröseln und geben Sie die
   Füllung zwischen die Blätter. Geben Sie die Füllung nicht hinein.

3. Legen Sie die Artischocken in eine Schüssel, die breit genug ist,
   um sie aufrecht zu halten. Fügen Sie Wasser bis zu einer Tiefe
   von 3/4 Zoll rund um die Artischocken hinzu. Die Artischocken
   mit 3 EL Olivenöl vermischen.

4. Decken Sie die Pfanne ab und stellen Sie sie auf mittlere Hitze.
   Wenn das Wasser kocht, reduzieren Sie die Hitze auf eine
   niedrige Stufe. Etwa 40 bis 50 Minuten kochen (abhängig von
   der Größe der Artischocken) oder bis der Boden der
   Artischocken beim Einstechen mit einem Messer weich ist und
   sich leicht ein Blatt herauslösen lässt. Fügen Sie bei Bedarf
   zusätzliches heißes Wasser hinzu, um ein Anbrennen zu
   verhindern. Warm oder bei Zimmertemperatur servieren.

Gefüllte sizilianische Artischocken

Carciofi alla Siciliana

Ergibt 4 Portionen

Das heiße, trockene Klima Siziliens ist perfekt für den Artischockenanbau. Die Pflanzen mit gezackten und silbrigen Blättern sind sehr schön und werden von vielen Menschen als Ziersträucher in ihren Hausgärten verwendet. Am Ende der Saison werden die an der Pflanze verbliebenen Artischocken aufgespalten, so dass in der Mitte ein vollreifer, violetter und buschiger Kern zum Vorschein kommt.

Dies ist die Art und Weise, sizilianische Artischocken zu füllen, die komplizierter istGefüllte Artischockendas Rezept Als Vorspeise mit gegrilltem Fisch oder Lammkeule servieren.

4 mittelArtischocken, bereit zum Befüllen

½ Tasse Semmelbrösel

4 Sardellenscheiben, fein gehackt

2 Esslöffel gehackte, abgetropfte Kapern

2 Esslöffel Pinienkerne, geröstet

2 Esslöffel goldene Rosinen

2 Esslöffel gehackte frische Petersilie

1 große Knoblauchzehe, gehackt

Salz und frisch gemahlener schwarzer Pfeffer

4 Esslöffel Olivenöl

1/2 Tasse trockener Weißwein

Das Wasser

1. In einer mittelgroßen Schüssel Semmelbrösel, Sardellen, Kapern, Pinienkerne, Rosinen, Petersilie, Knoblauch sowie Salz und Pfeffer nach Geschmack vermengen. Zwei Esslöffel Öl vermischen.

2. Verteilen Sie die Blätter vorsichtig. Die Artischocken mit Semmelbröseln füllen und etwas Füllung zwischen die Blätter geben. Geben Sie die Füllung nicht hinein.

3. Geben Sie die Artischocken in ein Glas, das groß genug ist, um sie aufrecht zu halten. Fügen Sie Wasser bis zu einer Tiefe von 3/4 Zoll rund um die Artischocken hinzu. Mit den restlichen 2 EL Öl beträufeln. Den Wein um die Artischocken gießen.

4.Decken Sie die Pfanne ab und stellen Sie sie auf mittlere Hitze. Wenn das Wasser kocht, reduzieren Sie die Hitze auf eine niedrige Stufe. 40 bis 50 Minuten kochen (abhängig von der Größe der Artischocken) oder bis der Boden der Artischocken beim Einstechen mit einem Messer weich ist und sich leicht ein Blatt herauslösen lässt. Fügen Sie bei Bedarf zusätzliches heißes Wasser hinzu, um ein Anbrennen zu verhindern. Warm oder bei Zimmertemperatur servieren.

Spargel „in der Pfanne"

Spargel in Padella

Ergibt 4 bis 6 Portionen

Dieser Spargel ist schnell gebraten. Nach Belieben gehackten Knoblauch oder frische Kräuter hinzufügen.

3 Esslöffel Olivenöl

1 Kilo Spargel

Salz und frisch gemahlener schwarzer Pfeffer

2 Esslöffel gehackte frische Petersilie

1. Schneiden Sie den unteren Teil des Spargels an der Stelle ab, an der sich der Stiel von weiß nach grün verfärbt. Den Spargel in 2 cm große Stücke schneiden.

2. Das Öl in einer großen Pfanne bei mittlerer Hitze erhitzen. Den Spargel sowie Salz und Pfeffer nach Geschmack hinzufügen. Unter häufigem Rühren 5 Minuten kochen lassen oder bis der Spargel leicht gebräunt ist.

3.Decken Sie die Pfanne ab und kochen Sie sie weitere 2 Minuten lang oder bis der Spargel weich ist. Petersilie unterrühren und sofort servieren.

Spargel mit Öl und Essig

Spargelsalat

Ergibt 4 bis 6 Portionen

Wenn im Frühjahr die ersten lokal angebauten Speere erscheinen, bereite ich sie so zu und esse eine große Menge, um meinen Hunger nach dem langen Winter zu stillen. Drehen Sie den Spargel über die Garnitur, damit er das Aroma aufnehmen kann.

1 Kilo Spargel

Salzig

¼ Tasse natives Olivenöl extra

1 bis 2 Esslöffel Rotweinessig

Frisch gemahlener schwarzer Pfeffer

1.Schneiden Sie den unteren Teil des Spargels an der Stelle ab, an der sich der Stiel von weiß nach grün verfärbt. In einem großen Topf etwa 5 cm Wasser zum Kochen bringen. Den Spargel und das Salz nach Geschmack hinzufügen. Kochen Sie den Spargel 4 bis 8 Minuten lang, bis er beim Abheben vom Stiel leicht zusammenfällt. Die Garzeit hängt von der Dicke des Spargels ab.

Den Spargel mit einer Zange herausnehmen. Auf Küchenpapier abtropfen lassen und trocknen.

2.In einer großen, flachen Schüssel Öl, Essig, eine Prise Salz und reichlich Pfeffer vermischen. Mit einer Gabel umrühren, bis alles vermischt ist. Den Spargel dazugeben und vorsichtig umrühren, bis er bedeckt ist. Warm oder bei Zimmertemperatur servieren.

Spargel mit Zitronenbutter

Spargel al Burro

Ergibt 4 bis 6 Portionen

Auf diese einfache Weise zubereiteter Spargel passt zu allem, von Eiern über Fisch bis hin zu Fleisch. Als Variation fügen Sie der Butter gehackten frischen Schnittlauch, Petersilie oder Basilikum hinzu.

1 Kilo Spargel

Salzig

2 Esslöffel ungesalzene Butter, geschmolzen

1 Esslöffel frische Zitrone

Frisch gemahlener schwarzer Pfeffer

1.Schneiden Sie den unteren Teil des Spargels an der Stelle ab, an der sich der Stiel von weiß nach grün verfärbt. In einem großen Topf etwa 5 cm Wasser zum Kochen bringen. Den Spargel und das Salz nach Geschmack hinzufügen. Kochen Sie den Spargel 4 bis 8 Minuten lang, bis er beim Abheben vom Stiel leicht zusammenfällt. Die Garzeit hängt von der Dicke des Spargels ab.

Den Spargel mit einer Zange herausnehmen. Auf Küchenpapier abtropfen lassen und trocknen.

2. Reinigen Sie die Pfanne. Butter hinzufügen und bei mittlerer Hitze etwa 1 Minute lang kochen, bis sie geschmolzen ist. Den Zitronensaft einrühren. Den Spargel wieder in die Pfanne geben. Geben Sie den schwarzen Pfeffer hinein und wenden Sie ihn vorsichtig, um ihn mit der Soße zu überziehen. Sofort servieren.

Spargel mit verschiedenen Saucen

Ergibt 4 bis 6 Portionen

Bei Zimmertemperatur gekochter Spargel schmeckt hervorragend zu verschiedenen Soßen. Sie eignen sich hervorragend für eine Dinnerparty, da sie im Voraus zubereitet werden können. Es spielt keine Rolle, ob sie dick oder dünn sind, aber versuchen Sie, den Spargel auf die gleiche Größe zu bringen, damit er gleichmäßig gart.

Olivenöl-Mayonnaise,Orangenmayonnaise, oderGrüne Soße

1 Kilo Spargel

Salzig

1.Bei Bedarf die Soße(n) vorbereiten. Als nächstes schneiden Sie die Basis des Spargels an der Stelle ab, an der sich der Stiel von weiß nach grün verfärbt.

2.In einem großen Topf etwa 5 cm Wasser zum Kochen bringen. Den Spargel und das Salz nach Geschmack hinzufügen. Kochen Sie den Spargel 4 bis 8 Minuten lang, bis er beim Abheben vom Stiel leicht zusammenfällt. Die Garzeit hängt von der Dicke des Spargels ab.

3.Den Spargel mit einer Zange herausnehmen. Auf Küchenpapier
abtropfen lassen und trocknen. Den Spargel bei
Zimmertemperatur mit einer oder mehreren Saucen servieren.

Spargel mit Kapern-Ei-Dressing

Spargel mit Kapern und Uoves

Ergibt 4 bis 6 Portionen

In Trentino-Südtirol und Venetien ist praller weißer Spargel ein Frühlingsritual. Sie werden gebacken und gekocht und zu Risottos, Suppen und Salaten hinzugefügt. Ein Eierdressing ist ein typisches Dressing, wie dieses mit Zitronensaft, Petersilie und Kapern.

1 Kilo Spargel

Salzig

¼ Tasse Olivenöl

1 Esslöffel frischer Zitronensaft

Gemahlener Pfeffer

1 hartgekochtes Ei, geteilt

2 Esslöffel gehackte frische Petersilie

1 Esslöffel Kapern, gewaschen und abgetropft

1.Schneiden Sie den unteren Teil des Spargels an der Stelle ab, an der sich der Stiel von weiß nach grün verfärbt. In einem großen Topf etwa 5 cm Wasser zum Kochen bringen. Den Spargel und das Salz nach Geschmack hinzufügen. Kochen Sie den Spargel 4 bis 8 Minuten lang, bis er beim Abheben vom Stiel leicht zusammenfällt. Die Garzeit hängt von der Dicke des Spargels ab. Den Spargel mit einer Zange herausnehmen. Auf Küchenpapier abtropfen lassen und trocknen.

2.In einer kleinen Schüssel Öl, Zitronensaft und eine Prise Salz und Pfeffer verrühren. Ei, Petersilie und Kapern verquirlen.

3.Den Spargel auf einen Teller legen und mit der Soße belegen. Sofort servieren.

Spargel mit Parmesan und Butter

Parmigiana-Spargel

Ergibt 4 bis 6 Portionen

Er wird manchmal Asparagi alla Milanese (Spargel nach Mailänder Art) genannt, obwohl er in vielen verschiedenen Regionen gegessen wird. Für diese Behandlung eignet sich besonders der weiße Spargel, den Sie finden können.

1 Kilo dicker Spargel

Salzig

2 Esslöffel ungesalzene Butter

Frisch gemahlener schwarzer Pfeffer

1/2 Tasse frisch geriebener Parmigiano-Reggiano

1. Schneiden Sie den unteren Teil des Spargels an der Stelle ab, an der sich der Stiel von weiß nach grün verfärbt. In einem großen Topf etwa 5 cm Wasser zum Kochen bringen. Den Spargel und das Salz nach Geschmack hinzufügen. Kochen Sie den Spargel 4 bis 8 Minuten lang, bis er beim Abheben vom Stiel leicht zusammenfällt. Die Garzeit hängt von der Dicke des Spargels ab.

Den Spargel mit einer Zange herausnehmen. Auf Küchenpapier abtropfen lassen und trocknen.

2.Stellen Sie einen Rost in die Mitte des Ofens. Den Ofen auf 450 °F vorheizen. Eine große Auflaufform mit Butter bestreichen.

3.Legen Sie den Spargel nebeneinander in die Auflaufform und lassen Sie ihn leicht überlappen. Butter einfüllen und mit Pfeffer und Käse bestreuen.

4.15 Minuten backen oder bis der Käse geschmolzen und goldbraun ist. Sofort servieren.

Spargel- und Prosciutto-Bündel

Fagottini di Asparagi

Ergibt 4 Portionen

Für ein köstlicheres Gericht gebe ich manchmal Fontina Valle d'Aosta, Mozzarella oder einen anderen Käse, der gut schmilzt, zu jeder Portion.

1 Kilo Spargel

Salz und frisch gemahlener Pfeffer

4 Scheiben importierter italienischer Prosciutto

2 Esslöffel Butter

1/4 Tasse frisch geriebener Parmigiano-Reggiano

1.Schneiden Sie den unteren Teil des Spargels an der Stelle ab, an der sich der Stiel von weiß nach grün verfärbt. In einem großen Topf etwa 5 cm Wasser zum Kochen bringen. Den Spargel und das Salz nach Geschmack hinzufügen. Kochen Sie den Spargel 4 bis 8 Minuten lang, bis er beim Abheben vom Stiel leicht zusammenfällt. Die Garzeit hängt von der Dicke des Spargels ab.

Den Spargel mit einer Zange herausnehmen. Auf Küchenpapier abtropfen lassen und trocknen.

2.Stellen Sie einen Rost in die Mitte des Ofens. Ofen auf 350°F vorheizen. Eine große Auflaufform mit Butter bestreichen.

3.Die Butter in einer großen Pfanne schmelzen. Den Spargel dazugeben und mit Salz und Pfeffer bestreuen. Tauchen Sie den Spargel mit zwei Spateln vorsichtig in die Butter, sodass er gut bedeckt ist.

4.Teilen Sie den Spargel in 4 Gruppen. Legen Sie jede Gruppe in die Mitte einer Prosciutto-Scheibe. Wickeln Sie die Enden des Prosciutto um den Spargel. Legen Sie die Bündel in die Auflaufform. Mit Parmigiano bestreuen.

5.Den Spargel 15 Minuten backen oder bis der Käse geschmolzen ist und sich eine Kruste gebildet hat. Heiß servieren.

Gerösteter Spargel

Spargel al Forno

Ergibt 4 bis 6 Portionen

Durch das Rösten wird der Spargel braun und bringt seine natürliche Süße zur Geltung. Diese sind perfekt, wenn Sie Fleisch grillen. Sie können das gegarte Fleisch aus dem Ofen nehmen und während es ruht, den Spargel backen. Verwenden Sie für dieses Rezept stückigen Spargel.

1 Kilo Spargel

¼ Tasse Olivenöl

Salzig

1. Stellen Sie einen Rost in die Mitte des Ofens. Den Ofen auf 450 °F vorheizen. Schneiden Sie den unteren Teil des Spargels an der Stelle ab, an der sich der Stiel von weiß nach grün verfärbt.

2. Legen Sie den Spargel in eine Auflaufform, die groß genug ist, um ihn in einer Schicht zu halten. Öl und Salz hinzufügen. Drehen Sie den Spargel hin und her, damit er mit Öl bedeckt ist.

3. 8 bis 10 Minuten backen oder bis der Spargel weich ist.

Zabaglion-Spargel

Spargel allo Zabaione

Ergibt 6 Portionen

Zabaglione ist ein süßes Ei, das normalerweise gesüßt als Dessert serviert wird. In diesem Fall werden die Eier mit Weißwein und ohne Zucker verrührt und mit Spargel serviert. Dies ist eine elegante Vorspeise für ein Frühlingsessen. Das Blanchieren des Spargels ist optional, stellt aber sicher, dass der Spargel von der Spitze bis zum Stiel zart ist.

1/2 Kilo Spargel

2 große Eigelb

¼ Tasse trockener Weißwein

Eine Prise Salz

1 Esslöffel ungesalzene Butter

1.Schneiden Sie den unteren Teil des Spargels an der Stelle ab, an der sich der Stiel von weiß nach grün verfärbt. Um Spargel zu schälen, beginnen Sie unterhalb der Enden und schälen Sie mit einem Schäler die dunkelgrüne Schale bis zum Ende des Spargels ab.

2. In einem großen Topf etwa 5 cm Wasser zum Kochen bringen. Den Spargel und das Salz nach Geschmack hinzufügen. Kochen Sie den Spargel 4 bis 8 Minuten lang, bis er beim Abheben vom Stiel leicht zusammenfällt. Die Garzeit hängt von der Dicke des Spargels ab. Den Spargel mit einer Zange herausnehmen. Auf Küchenpapier abtropfen lassen und trocknen.

3. Bringen Sie etwa einen Zentimeter Wasser in der unteren Hälfte eines Wasserkochers oder Topfes zum Kochen. Geben Sie Eigelb, Wein und Salz oben in ein Wasserbad oder in einen hitzebeständigen Topf, der bequem über die Pfanne passt, ohne das Wasser zu berühren.

4. Die Eiermischung verquirlen, bis alles gut vermischt ist, und den Topf oder die Schüssel über das kochende Wasser stellen. Mit einem elektrischen Handmixer oder einem Schneebesen schlagen, bis die Mischung eine blasse Farbe hat und beim Anheben der Rührgeräte eine glatte Form behält (ca. 5 Minuten). Butter einrühren, bis alles vermischt ist.

5. Die scharfe Soße über den Spargel gießen und sofort servieren.

Spargel mit Taleggio und Pinienkernen

Spargel mit Taleggio und Pinoli

Ergibt 6 bis 8 Portionen

Unweit von Peck's, Mailands berühmtem Gourmetrestaurant, liegt die Trattoria Milanese. Es ist der perfekte Ort, um einfache und klassische lombardische Gerichte zu probieren, wie diesen mit Taleggio gefüllten Spargel – einen butterartigen, halbweichen, aromatischen, lokal hergestellten Kuhmilchkäse, der zu den besten Käsesorten Italiens zählt. Fontina oder Bel Paese können ersetzt werden, wenn Taleggio nicht verfügbar ist.

2 Kilo Spargel

Salzig

2 Esslöffel ungesalzene Butter, geschmolzen

6 Unzen Taleggio, Fontina Valle d'Aosta oder Bel Paese, in mundgerechte Stücke geschnitten

1/4 Tasse gehackte Pinienkerne oder gemahlene Mandeln

1 Esslöffel einfache Semmelbrösel

1. Stellen Sie einen Rost in die Mitte des Ofens. Den Ofen auf 450 °F vorheizen. Eine 13×9×2 Zoll große Auflaufform mit Butter bestreichen.

2. Schneiden Sie den unteren Teil des Spargels an der Stelle ab, an der sich der Stiel von weiß nach grün verfärbt. Um Spargel zu schälen, beginnen Sie unterhalb der Enden und schälen Sie mit einem Schäler die dunkelgrüne Schale bis zum Ende des Spargels ab.

3. In einem großen Topf etwa 5 cm Wasser zum Kochen bringen. Den Spargel und das Salz nach Geschmack hinzufügen. Kochen Sie den Spargel 4 bis 8 Minuten lang, bis er sich leicht biegt, wenn Sie das Ende des Stiels anheben. Die Garzeit hängt von der Dicke des Spargels ab. Den Spargel mit einer Zange herausnehmen. Auf Küchenpapier abtropfen lassen und trocknen.

4. Den Spargel in der Auflaufform anrichten. Mit Butter beträufeln. Den Käse über den Spargel streuen. Mit Walnüssen und Semmelbröseln bestreuen.

5. Backen, bis der Käse geschmolzen und die Nüsse gebräunt sind, etwa 15 Minuten. Heiß servieren.

Spargel in Timbale

Sformatini di Asparagi

Ergibt 6 Portionen

Solche weichen und geschmeidigen Cremes sind eine uralte Zubereitung, sind aber in vielen italienischen Restaurants immer noch beliebt, vor allem weil sie sehr lecker sind. Auf diese Weise kann fast jedes Gemüse zubereitet werden, und diese Formen eignen sich hervorragend als Beilage, Vorspeise oder Hauptgericht für Vegetarier. Sformatini, wörtlich „kleine unförmige Dinge", können pur, mit Tomaten- oder Käsesauce oder umgeben von sautiertem Buttergemüse serviert werden.

1 TasseBéchamel

1/2 Pfund Spargel, gehackt

3 große Eier

1/4 Tasse frisch geriebener Parmigiano-Reggiano

Salz und frisch gemahlener schwarzer Pfeffer

1.Bei Bedarf die Béchamelsauce zubereiten. In einem großen Topf etwa 5 cm Wasser zum Kochen bringen. Den Spargel und das

Salz nach Geschmack hinzufügen. Kochen Sie den Spargel 4 bis 8 Minuten lang, bis er sich leicht biegt, wenn Sie das Ende des Stiels anheben. Die Garzeit hängt von der Dicke des Spargels ab. Den Spargel mit einer Zange herausnehmen. Auf Küchenpapier abtropfen lassen und trocknen. 6 Spitzen abschneiden und beiseite legen.

2. Geben Sie den Spargel in eine Küchenmaschine und zerkleinern Sie ihn, bis er glatt ist. Eier, Béchamel, Käse, 1 Teelöffel Salz und Pfeffer nach Geschmack vermischen.

3. Stellen Sie einen Rost in die Mitte des Ofens. Ofen auf 350°F vorheizen. Großzügig mit sechs 6-Unzen-Auflaufförmchen oder Tassen Sahne bestreichen. Die Spargelmischung in die Gläser füllen. Stellen Sie die Tassen in einen großen Topf und gießen Sie kochendes Wasser aus der Mitte der Tassen in den Topf.

4. 50 bis 60 Minuten backen oder bis ein in der Mitte eingesetztes Messer sauber herauskommt. Nehmen Sie die Formen aus der Form und fahren Sie mit einem kleinen Messer über den Rand. Drehen Sie die Formen um und stellen Sie sie auf Servierteller. Mit den beiseite gelegten Spargelspitzen garnieren und warm servieren.

Bohnen im Landhausstil

Fagioli alla Paesana

Ergibt etwa 6 Tassen, zwischen 10 und 12

Dies ist die grundlegende Methode zum Kochen aller Arten von Bohnen. Eingeweichte Bohnen können gären, wenn sie bei Raumtemperatur aufbewahrt werden. Bewahren Sie sie daher im Kühlschrank auf. Nach dem Kochen mit einem Schuss nativem Olivenöl extra servieren oder zu Suppen oder Salaten hinzufügen.

1 Pfund Cranberry-, Cannellini- oder andere getrocknete Bohnen

1 Karotte, gewaschen

1 Selleriestange mit Blättern

1 Zwiebel

2 Knoblauchzehen

2 Esslöffel Olivenöl

Salzig

1. Waschen und pflücken Sie die Bohnen, um zerbrochene Bohnen oder kleine Kerne zu entfernen.

2.Geben Sie die Bohnen in eine große Schüssel mit kaltem Wasser, bis sie 5 cm bedeckt sind. 4 Stunden bis über Nacht kühl stellen.

3.Lassen Sie die Bohnen abtropfen und geben Sie sie in eine große Schüssel mit kaltem Wasser, bis sie 1 cm bedeckt sind. Wasser bei mittlerer Hitze zum Kochen bringen. Reduzieren Sie die Hitze und schöpfen Sie eventuell an die Oberfläche aufsteigenden Schaum ab. Wenn der Schaum nicht mehr aufsteigt, das Gemüse und das Olivenöl hinzufügen.

4.Decken Sie die Pfanne ab und kochen Sie sie 1/2-2 Stunden lang, fügen Sie bei Bedarf mehr Wasser hinzu, bis die Bohnen sehr zart und cremig sind. Mit Salz abschmecken und etwa 10 Minuten ruhen lassen. Überspringen Sie das Gemüse. Warm oder bei Zimmertemperatur servieren.

Toskanische Bohnen

Fagioli Stufati

Ergibt 6 Portionen

Toskaner sind Meister im Kochen von Bohnen. Sie garen getrocknete Hülsenfrüchte mit Gewürzen langsam in einer kaum sprudelnden Flüssigkeit. Langes, langsames Kochen führt zu weichen, cremigen Bohnen, die beim Kochen ihre Form behalten.

Testen Sie immer mehrere Bohnen, um zu sehen, wie es ihnen geht, da sie nicht alle gleichzeitig garen. Ich lasse die Bohnen nach dem Kochen eine Weile ausgeschaltet auf dem Herd, um sicherzustellen, dass sie gleichmäßig gegart werden. Sie schmecken köstlich, wenn sie warm und perfekt aufgewärmt sind.

Bohnen eignen sich gut als Beilage oder in Suppen, oder probieren Sie sie auf warmem italienischem Toast, bestreut mit Knoblauch und beträufelt mit Öl.

8 Unzen Cannellini, Cranberry oder andere getrocknete Bohnen

1 große Knoblauchzehe, leicht zerdrückt

6 frische Salbeiblätter oder ein Zweig Rosmarin oder 3 Zweige frischer Thymian

Salzig

Natives Olivenöl extra

Frisch gemahlener schwarzer Pfeffer

1.Waschen und pflücken Sie die Bohnen, um zerbrochene Bohnen oder kleine Kerne zu entfernen. Geben Sie die Bohnen in eine große Schüssel mit kaltem Wasser, bis sie 5 cm bedeckt sind. 4 Stunden bis über Nacht kühl stellen.

2.Heizen Sie den Ofen auf 300 °F vor. Lassen Sie die Bohnen abtropfen und geben Sie sie in einen Schmortopf oder einen anderen tiefen, schweren Topf mit dicht schließendem Deckel. Fügen Sie frisches Wasser hinzu, bis es 2,5 cm bedeckt ist. Knoblauch und Salbei hinzufügen. Bei schwacher Hitze zum Kochen bringen.

3.Decken Sie die Pfanne ab und stellen Sie sie auf die mittlere Schiene des Ofens. Kochen Sie die Bohnen, bis sie sehr zart sind, je nach Art und Alter der Bohnen etwa 1 Stunde bis 15 Minuten oder länger. Überprüfen Sie gelegentlich, ob mehr Wasser benötigt wird, um die Bohnen bedeckt zu halten. Bei einigen

Bohnen kann eine zusätzliche Garzeit von 30 Minuten erforderlich sein.

4.Probieren Sie die Bohnen. Fügen Sie Salz nach Geschmack hinzu, wenn sie vollständig gekocht sind. Lassen Sie die Bohnen 10 Minuten lang stehen. Heiß mit einem Schuss Olivenöl und etwas schwarzem Pfeffer servieren.

Bohnensalat

Fagioli-Salat

Ergibt 4 Portionen

Das Dressing der Bohnen im heißen Zustand nimmt die Aromen auf.

2 Esslöffel natives Olivenöl extra

2 Esslöffel frische Zitrone

Salz und frisch gemahlener schwarzer Pfeffer

2 Tassen heiß gekochte Bohnen oder Bohnen aus der Dose, z. B. Cannellini-Bohnen oder Cranberry-Bohnen

1 kleine gelbe Paprika, in Scheiben geschnitten

1 Tasse Kirschtomaten, halbiert oder geviertelt

2 Frühlingszwiebeln, in 1/2-Zoll-Stücke geschnitten

1 Bund Rucola, gehackt

1.In einer mittelgroßen Schüssel Öl, Zitronensaft sowie Salz und Pfeffer nach Geschmack verrühren. Die Bohnen abgießen und zum Dressing geben. Gut mischen. 30 Minuten einwirken lassen.

2.Paprika, Tomaten und Zwiebeln dazugeben und vermischen. Abschmecken und würzen.

3.Den Rucola auf einem Teller anrichten und mit dem Salat garnieren. Sofort servieren.

Bohnen und Kohl

Fagioli und Cavolo

Ergibt 6 Portionen

Servieren Sie es als Hauptgericht anstelle von Nudeln oder Suppe oder als Beilage zu Schweinebraten oder Hühnchen.

2 Unzen Pancetta (4 dicke Scheiben), in 2,5 cm breite Streifen schneiden

2 Esslöffel Olivenöl

1 kleine Zwiebel, gehackt

2 große Knoblauchzehen

1/4 Teelöffel roter Pfeffer

4 Tassen geriebener Kohl

1 Tasse gehackte frische Tomaten oder Tomaten aus der Dose

Salzig

3 Tassen abgetropfte, gekochte oder eingemachte Cannellini- oder Cranberrybohnen

1.Pancetta in Olivenöl in einer großen Pfanne 5 Minuten braten. Zwiebel, Knoblauch und Pfeffer hinzufügen und ca. 10 Minuten kochen, bis die Zwiebel weich ist.

2.Nach Geschmack Kohl, Tomate und Salz hinzufügen. Reduzieren Sie die Hitze und decken Sie die Pfanne ab. 20 Minuten kochen lassen oder bis der Kohl weich ist. Die Bohnen einrühren und weitere 5 Minuten kochen lassen. Heiß servieren.

Bohnen in Tomaten-Salbei-Sauce

Fagioli all'Uccelletto

Ergibt 8 Portionen

Diese toskanischen Bohnen werden in Form von kleinen Wildvögeln mit Salbei und Tomaten gekocht, daher der italienische Name.

1 Pfund Cannellini oder Great Northern Bohnen, getrocknet, abgespült und geschält

Salzig

2 Zweige frischer Salbei

3 große Knoblauchzehen

¼ Tasse Olivenöl

3 große Tomaten, geschält, entkernt und gehackt, oder 2 Tassen Dosentomaten

1. Geben Sie die Bohnen in eine große Schüssel mit kaltem Wasser, bis sie 5 cm bedeckt sind. Zum Einweichen für 4 Stunden bis über Nacht in den Kühlschrank stellen.

2.Lassen Sie die Bohnen abtropfen und geben Sie sie in einen großen Topf mit kaltem Wasser, bis sie 1 cm unter Wasser stehen. Bringen Sie die Flüssigkeit zum Kochen. Abdecken und kochen, bis die Bohnen weich sind, 1/2 bis 2 Stunden. Mit Salz abschmecken und 10 Minuten ziehen lassen.

3.In einem großen Topf den Salbei und den Knoblauch im Öl bei mittlerer Hitze kochen und dabei den Knoblauch mit der Rückseite eines Löffels zerdrücken, bis der Knoblauch etwa 5 Minuten goldbraun ist. Tomaten unterrühren.

4.Die Bohnen abgießen und die Flüssigkeit auffangen. Die Bohnen zur Soße geben. 10 Minuten kochen lassen und etwas von der zurückbehaltenen Flüssigkeit hinzufügen, falls die Bohnen austrocknen. Warm oder bei Zimmertemperatur servieren.

Kichererbseneintopf

Ceci in Zimino

Ergibt 4 bis 6 Portionen

Dieser Eintopf schmeckt pur gut, Sie können aber auch etwas gekochte Nudeln oder Reis und Wasser oder Brühe hinzufügen, um daraus eine Suppe zu machen.

1 mittelgroße Zwiebel, gehackt

1 Knoblauchzehe, gehackt

4 Esslöffel Olivenöl

Ein Kilo Mangold oder Spinat, geschnitten und gehackt

Salz und frisch gemahlener schwarzer Pfeffer

31/2 Tassen gekochte oder abgetropfte Kichererbsen aus der Dose

Natives Olivenöl extra

1. In einem mittelgroßen Topf Zwiebeln und Knoblauch in Öl bei mittlerer Hitze 10 Minuten lang goldbraun braten. Mangold und Salz nach Geschmack hinzufügen. Abdecken und 15 Minuten kochen lassen.

2.Die Kichererbsen in die Kochflüssigkeit oder ins Wasser geben und mit Salz und Pfeffer abschmecken. Abdecken und weitere 30 Minuten kochen lassen. Gelegentlich umrühren und einige Kichererbsen mit der Rückseite eines Löffels zerdrücken. Falls die Mischung zu trocken ist, etwas Flüssigkeit hinzufügen.

3.Vor dem Servieren etwas abkühlen lassen. Nach Belieben mit etwas nativem Olivenöl extra beträufeln

Grüne Bohnen mit bitterem Grün

Favorit und Chicorée

Ergibt 4 bis 6 Portionen

Getrocknete Bohnen haben einen erdigen und leicht bitteren Geschmack. Achten Sie beim Kauf auf die blanchierte Variante. Sie sind etwas teurer, aber es lohnt sich, auf die Harthäute zu verzichten. Außerdem garen sie in der Schale schneller als Ackerbohnen. Getrocknete Muscheln finden Sie auf ethnischen Märkten und auf Märkten, die auf natürliche Lebensmittel spezialisiert sind.

Dieses Rezept stammt aus Apulien und ist fast schon ein Nationalgericht. Es kann jedes bittere Gemüse verwendet werden, zum Beispiel Chicorée, Brokkoli, Rüben oder Löwenzahn. Ich füge dem Gemüse beim Kochen gerne etwas roten Pfeffer hinzu, aber das ist nicht traditionell.

8 Unzen getrocknete Schalen, gewaschen und abgetropft

1 mittelgroße Kartoffel kochen, schälen und in 2,5 cm große Stücke schneiden

Salzig

1 Pfund Chicorée- oder Löwenzahngrün, gehackt

¼ Tasse natives Olivenöl extra

1 Knoblauchzehe, gehackt

Eine Prise gemahlener roter Pfeffer

1.Bohnen und Kartoffeln in einen großen Topf geben. Fügen Sie kaltes Wasser hinzu, bis es 1/2 Zoll bedeckt ist. Zum Kochen bringen und kochen, bis die Bohnen sehr weich und gespalten sind und das gesamte Wasser aufgesogen ist.

2.Nach Geschmack Salz hinzufügen. Die Bohnen mit der Rückseite eines Löffels oder mit einem Kartoffelstampfer zerdrücken. Öl einrühren.

3.Bringen Sie einen großen Topf Wasser zum Kochen. Fügen Sie Kräuter und Salz hinzu, um zu schmecken. Je nach Gemüsesorte 5 bis 10 Minuten weich kochen. Gut abtropfen lassen.

4.Trocknen Sie das Glas. Öl, Knoblauch und zerstoßenen roten Pfeffer hinzufügen. Bei mittlerer Hitze ca. 2 Minuten kochen, bis der Knoblauch goldbraun ist. Das abgetropfte Gemüse und Salz nach Geschmack hinzufügen. gut werfen

5.Das Bohnenpüree auf einem Teller verteilen. Das Grün darauf
stapeln. Bei Bedarf mit mehr Öl beträufeln. Heiß oder warm
servieren.

Frische Bohnen nach römischer Art

Fave alla Romana

Ergibt 4 Portionen

Frische grüne Bohnen mit Hülsen sind in Mittel- und Süditalien ein wichtiges Frühlingsgemüse. Die Römer nehmen sie aus der Schale und essen sie roh als Beilage zu jungem Pecorino-Käse. Bohnen werden auch mit anderem Frühlingsgemüse wie Erbsen und Artischocken gekocht.

Wenn die Bohnen sehr jung und weich sind, ist es nicht nötig, die dünne Haut, die jede Bohne bedeckt, zu schälen. Versuchen Sie, eines mit und eines ohne Haut zu essen, um zu sehen, ob sie weich sind.

Frische Ackerbohnen haben einen völlig anderen Geschmack und eine andere Konsistenz als getrocknete Ackerbohnen, also ersetzen Sie sie nicht durch die anderen. Wenn Sie keine frischen Lieblingsbohnen finden, suchen Sie nach gefrorenen Bohnen, die auf vielen Märkten in Italien und im Nahen Osten verkauft werden. Auch frische oder gefrorene Limabohnen passen gut zu diesem Gericht.

1 kleine Zwiebel, fein gehackt

4 Unzen Pancetta, gewürfelt

2 Esslöffel Olivenöl

4 Pfund frische Bohnen, geschält (ca. 3 Tassen)

Salz und frisch gemahlener schwarzer Pfeffer

¼ Glas Wasser

1. In einer mittelgroßen Pfanne Zwiebeln und Pancetta in Olivenöl bei mittlerer Hitze 10 Minuten lang anbraten, bis sie goldbraun sind.

2. Bohnen und Salz und Pfeffer nach Geschmack hinzufügen. Wasser hinzufügen und die Hitze reduzieren. Decken Sie die Pfanne ab und kochen Sie sie 5 Minuten lang oder bis die Bohnen fast weich sind.

3. Decken Sie den Topf ab und kochen Sie die Bohnen und den Pancetta etwa 5 Minuten lang, bis sie weich sind. Heiß servieren.

Frische Bohnen nach Umbrien-Art

Gerüst

Ergibt 6 Portionen

Bohnenschoten sollten fest und knackig sein, nicht runzelig oder weich, was darauf hindeutet, dass sie zu alt sind. Je kleiner die Schoten, desto zarter sind die Bohnen. Bild Ersetzen Sie eine Tasse blanchierte Favas-Bohnen durch 1 Pfund frische Favas-Bohnen.

2 1/2 Pfund frische Bohnen, geschält oder 2 Tassen gefroren

Ein Pfund Mangold, geputzt und in 2,5 cm breite Streifen geschnitten

1 Zwiebel, gehackt

1 mittelgroße Karotte, gehackt

1 Sellerie, fein gehackt

1/4 Tasse Olivenöl

1 Teelöffel Salz

Frisch gemahlener schwarzer Pfeffer

1 mittelreife Tomate, geschält, entkernt und gehackt

1. In einem mittelgroßen Topf alle Zutaten außer der Tomate verrühren. Abdecken und bei schwacher Hitze unter gelegentlichem Rühren 15 Minuten kochen lassen oder bis die Bohnen weich sind. Wenn das Gemüse anfängt zu kleben, etwas Wasser hinzufügen.

2. Die Tomate einrühren und ohne Deckel 5 Minuten kochen lassen. Heiß servieren.